왕조의 성립과 질서의 재편 앞에 선 조선
국가를 설계한 사상과 권력의 논리

고려의 몰락과 새로운 왕조의 탄생은
조선 사회 전체에 근본적인 질문을 던졌다.
어떤 사상으로 나라를 세울 것인가,
권력은 무엇으로 정당화될 수 있는가.

조선의 지식인과 정치가들은
성리학이라는 사유의 틀 속에서
제도와 윤리, 통치의 원리를 새롭게 구성하고자 했다.

건국의 청사진을 그린 정도전,
도학 정치로 개혁을 밀어붙인 조광조,
실천을 통해 유학의 윤리를 증명한 조식,
민생과 제도를 아우르는 경장을 모색한 이이,
그리고 조선 밖에서 유학의 방향을 흔든 왕양명.

시대를 대표하는 사상과 사유는
제도를 만들고 정치를 규정하며
국가의 형태를 구체화해 나갔다.

이들이 남긴 선택과 갈등은
조선을 지탱한 통치의 논리이자
사상이 권력이 되는 과정의 기록으로 남았다.

사상과 권력의 설계

사상과 권력의 설계

일러두기

1. 본문에서 필자가 첨언한 내용이나 용어 설명은 대괄호로 구분하고 직접 발췌
   한 자료의 출처는 주석으로 첨부했습니다.
2. 참조한 자료는 참고 문헌으로 정리했습니다.

시대정신으로 읽는 지성사
역사의 시그니처 06

∫ 06

사상과 권력의 설계

조선을 만든 다섯 유학자의 사유

신병주
지음

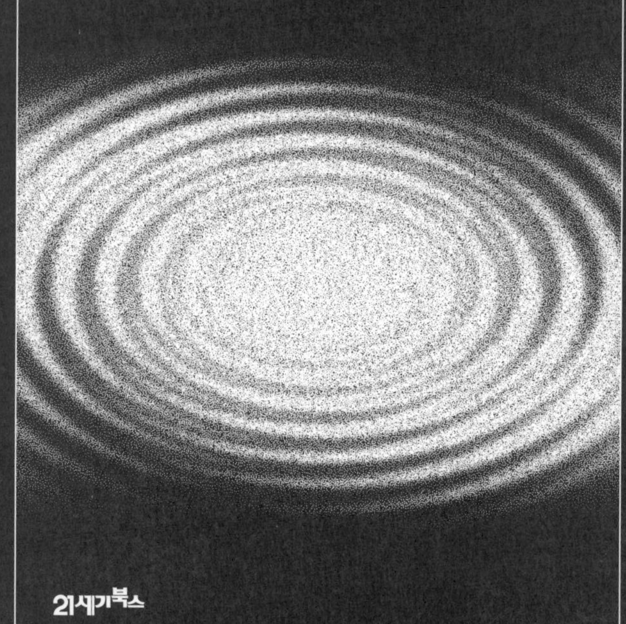

21세기북스

　15세기와 16세기에 이르는 조선 사회는 창업과 수성이라는 과제를 본격적으로 해결해 나가야만 했다. 당시 동아시아 사회는 큰 변화를 겪고 있었다. 중국에서는 원나라를 무너트리고 한족이 세운 명나라가 1368년에 건국되어 15세기에는 이르러 새롭게 중국 중심의 동양 지배 질서를 구축하게 됐다.

　명나라는 남송 대 주자가 완성한 주자학을 중요한 이념으로 삼았지만, 주자학이 지나치게 왕권과 연결되면서, 그 본연의 윤리를 강조하는 학문이 형성됐다. 주자학의 도덕 윤리를 되살리려 노력한 학자가 바로 왕수인[왕양명]으로, 양명학이라는 새로운 학문을 주창하기에 이른다.

　조선 역시 원명의 세력 교체기를 이용하여 고려를 대신한 새 왕조를 건국했다. 1392년 태조 이성계의 군사력과 정도전을 비롯한 신흥사대부 세력이 합치하면서 조선은 이전의 고려 사회보다는 훨씬 성장한 국가의 면모를 보여주었다. 기존의 지배 이념인 불교를 대신하여 성리학 이념이 국시로 채택됐고, 성리학에 입각한 국가 체제의 정비가 단계적으로 진행되어 나갔다.

　조선은 정도전 등의 신흥사대부 세력이 이성계를 비롯한 신흥무장세력의 군사력에 힘입어 건국한 왕조였던 만큼, 사대부들의 사상적 무기인 성리학은 새로운 국가의 건설에 주도적인 이념으로 작용했다. 성리학에 입각한 도덕정치, 왕도정치, 민본정치의 실천이 이들의 목표였다. 정도전은 경복궁의 이름부터 시작하여 근정전, 사정전, 강녕전 등 궁궐 전각의 이름, 흥인지문, 돈의문 등 사대문의 이름에도 유교 이념이 구체화 되도록 했다.

　조선 건국의 설계자 정도전은 고려말 유배 생활을 거치며 혁명가의 입지를 다져 나갔다. 이성계를 도와 조선을 건국한 후에는 왕조의 설계자로서 소임을 다했다. 무엇보다 성리학 이념에 입각한 국가 질서 정비에 주력했는데, 6전

체제에 입각하여 중앙과 지방의 행정 원리를 밝힌『조선 경국전』, 재상 중심 정치 체제의 중요성을 강조한『경제문 감』과 불교의 폐단을 체계적으로 비판한『불씨잡변』은 그의 대표적인 저술이다.

나아가 15세기 말 조선 사회에서는 정치 세력에 중요한 변화가 찾아왔다. 기존의 훈구 세력을 대신할 수 있는 세력으로 지방 사회를 중심으로 성장한 사림 세력이 본격적으로 약진했다. 성종의 인재 등용 정책으로, 본격적으로 중앙 정계에 진출한 사림파는 기존의 훈구파보다 철저히 성리학 원칙에 근거해 국정에 참여했다.

그러나 사림파의 성장에 정치적 위협을 느낀 훈구파는 이들을 견제해 나갔고 이들의 대립은 사화라는 정치적 비극으로 나타났다. 사화 중 사림파의 성리학적 이념 구현이 가장 적극적으로 추진되고 이에 중종과 훈구파가 대립한 사건이 1519년의 기묘사화이다.

당시, 조광조는 왕이 먼저 성리학의 이념을 실천하고, 성리학을 중앙과 지방에 널리 보급하기 위한 여러 개혁 정책을 시도했다. 하지만, 결국 사화(土禍)에 휘말려 중종이 내린 사약을 받고 생을 마감했다.

　조광조의 학풍을 계승한 조식은 성리학에 있어서 실천을 무엇보다 중시했다. 그는 성리학의 이념에서 경의(敬義)를 신조로 삼고 실천하는 유학자의 전범(典範)이었다. 이황이 성리학의 이론에 중점을 두는 경향을 보였다면 그는 실천하는 유학자로서의 입지를 다지면서, 영남학파의 양대 산맥으로 지칭됐다.

　조식은 평생을 지방에 은거한 처사로 있었지만, 조정의 정치가 잘못되는 방향으로 흐를 때는 상소문 등을 통해 자신의 의사를 강하게 표현했다. 특히, 일본에 대해서는 강력한 외교 정책을 세울 것을 주장했는데, 그의 문하에서는 곽재우, 김면, 정인홍 등 다수의 의병장이 배출됐다.

　율곡 이이는, 새로운 경장(更張)이 필요한 16세기 중후반의 시대를 살면서 성리학을 바탕으로 정치, 경제, 국방의 개혁책을 제시하고 관료로서 이를 실천해 나갔다. 이이는 정치에서도 당쟁보다는 당파의 조제, 보합의 원리를 강조했으며, 향약의 실시와 같이 지방 사회에서의 성리학 수용에도 힘을 기울였다. 10만 양병을 주장하여 국방에 대한 철저한 대비를 당부한 대목은 실천하는 학자로서 이이의 위상을 잘 보여주고 있다.

조선 사회가 창업과 수성으로 나아가는 시기 중국에서는 주자 성리학에 대한 대안으로 왕양명이 주창한 양명학이 시대를 풍미했다. 심즉리, 지행합일의 사상적 논리는 주자학과 차별성을 보였으며, 다양한 계층에서 양명학을 수용하는 경향이 나타났다. 조선에서는 서경덕의 학풍을 계승한 화담학파에서 양명학 수용 경향이 두드러졌으나, 주류적인 흐름인 주자학의 위상을 넘어서지는 못했다. 양명학의 계보는 조선 후기에 이르러 최명길, 신흠 등의 학자들로 이어졌고, 18세기 정제두를 중심으로 양명학의 실천 사상이 다시 주목받게 됐다.

전체적으로 15~16세기 동양의 사상계는 기존의 불교 사상 이외에 성리학과 양명학이 시대사상으로 새롭게 주류적 사상으로 대두했고, 이들 사상을 바탕으로 조선처럼 새로운 국가를 건설하고 개혁 정치를 시도한 사례가 있었는가 하면, 중국이나 일본처럼 기존의 사상을 대체하는 새로운 사상 조류로 시대적 소명이 되는 경우도 있었다.

이 책에서는 창업과 수성이라는 시대적 과제 해결을 위해 노력하고 성과를 보인 대표적인 학자이자 사상가 정도전, 조광조, 조식, 이이와 더불어 비슷한 시기 변혁의 논리를 제시하며 사상계를 풍미했던 왕양명의 양명학이 지니는 시대적 의미를 서술하고, 나아가 AI 혁명과 양안전쟁 위기 등 여러 혼란을 눈앞에 둔 우리 시대의 방향성을 모색할 것이다.

2026년 2월 9일
신병주

PART 2

개혁가의 꿈과 좌절
_조광조

PART 1

정도전

조선을 만든
변혁의 시대정신

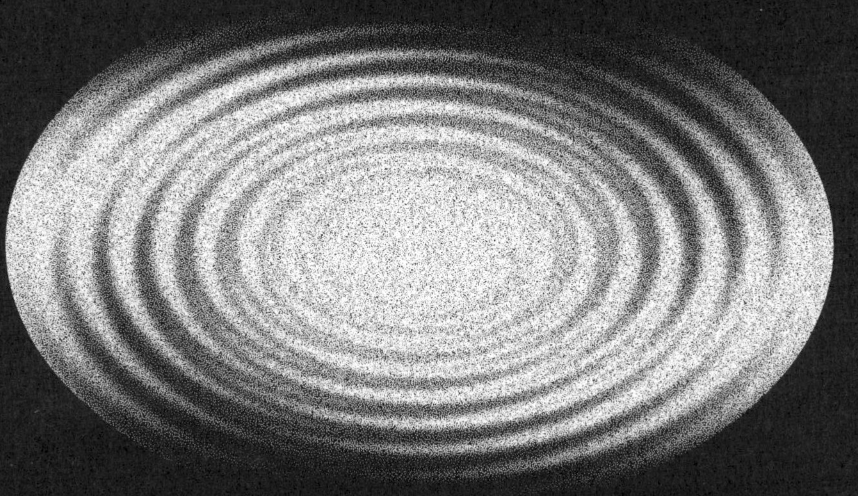

정도전 鄭道傳 1342~1398

　태조 이성계를 도와 고려 왕조를 무너뜨리고 성리학적 사상에 입각한 조선 건국 작업을 이끈 공신. 고려말에는 혁명가로 새로운 왕조 건설을 주도했으며, 조선 건국 후 새 왕조가 지향할 청사진을 직접 구현해 낸 인물이었다.

　고려말의 특권 세력인 권문세족에 대항하면서 성장한 신흥 사대부의 중심인물로, 우왕 때 전라도 나주 거평 부곡으로 유배 생활을 하면서 혁명가의 입지를 다져 나갔다. 조선 건국 후 그를 절대적으로 신임한 태조의 후원하에 한양 천도와 도성 및 궁궐 조성을 주도했으며, 재상이 중심이 되는 정치 체제를 지향하며 새로운 질서를 확립하려 했다.

　그러나 표전문 사건으로 명나라 주원장의 노여움을 사 조선과 명 양국간의 외교 분쟁의 중심에 섰고, 요동 정벌을 계획하여 명나라와 대립각을 세웠다. 국내로는 태조의 막내아들인 방석의 세자 책봉에 적극 찬성하고, 왕자들이 보유한 사병 혁파를 실시하면서 이방원과 정적 관계가 되기에 이르렀다. 1398년, 결국 이방원이 주동한 1차 왕자의 난으로 방석과 함께 이방원에게 살해당했다.

　대표 저서로는 조선 정치 체제의 기본 방향을 정한 『조선경국전』, 고려의 역사를 정리한 『고려국사』, 불교의 문제점을 신랄하게 비판한 『불씨 잡변』 등이 있다. 조선 사회를 유교의 이념을 지향하는 국가로 기틀을 잡는 데 가장 중요한 역할을 한 학자이자, 정치가, 사상가로 높은 평가를 받고 있다.

01

조선 왕조의
기틀을 다지다

새 궁궐의 이름을
경복궁(景福宮)이라고 짓기를 청했습니다.
여기에서 전하께서 자손들과 더불어
만년 태평한 왕업을 누리시옵고,
사방의 백성들도 길이 보고
느끼는 바가 있을 것입니다.

-「경복궁」, 『삼봉집』

정도전은 고려말 혁명을 통해 조선의 건국을 주도한 후 새 왕조 건설의 설계자로서 활약했다. 조선 건국 후 태조 이성계는 누구보다 정도전을 깊이 신뢰했고, 정도전은 태조의 기대에 십분 부응했다. 이 때문에 조선 왕조가 건국된 직후 조선의 체제에는 정도전의 손길이 닿지 않은 곳이 없었다.

비록 정도전은 1398년 정치적 라이벌인 이방원에 의해 짧은 생을 마감했지만, 그가 확립한 조선 왕조의 기본 운영 체제는 조선이 500년간 존속될 수 있는 기틀로 작용했다.

국호 제정, 한양 천도 결정, 경복궁을 비롯한 궁궐과 관청의 정비, 한양 도성의 건설 작업 등 왕조 건설의 중심에는 늘 정도전이 있었다. 『삼봉집』에 수록된 경복궁 이름의 의미에 대한 기문도 조선 왕조의 뼈대를 확립하는 과정에서 정도전이 어떠한 역할을 했는지 보여주는 자료이다.

새 왕조는 국호를 '조선'으로 정했다. 조선이라는 국호에는 단군조선으로부터 이어지는 유구한 역사적 전통과 천손(天孫)의 후예라는 자부심과 함께, 중국의 선진 문화를 우리나라에 전래한 기자조선에서 도덕 문화의 뿌리를 찾는다는 의미가 담겨 있었다. 이러한 국호의 의미는 정도전의 『조선경국전』 「국호」에 서술되어 있다.

다음 과제는 새로운 도읍지의 선정이었다. 새 도읍지 후보로는 먼저 계룡산 일대가 떠올랐다. 태조는 1393년[태조 2년] 2월 정당문학 권중화의 계룡산 길지설(吉地說)에 따라 계룡산을 답사하고 신도시의 건설 계획을 진행했다.

그러나 계룡산 일대가 지리적으로 남쪽에 치우치고 풍수학적으로도 불길하다는 정도전, 하륜의 주장에 의해 이듬해에는 북악 남쪽 지금의 서울 성곽 안을 중심으로 하는 새 도읍지를 정하게 됐다.

마지막에는 하륜이 주장한 무악과 정도전의 한양이 경합을 벌였다. 결국 한양이 계룡산을 물리치고 도읍으로 된 데는 네 곳 산으로 둘러싸인 점과 수로와 해로 교통이 편리하여 국가의 조세를 쉽게 거둘 수 있다는 점이 작용했다.

1394년 10월, 한양으로 도읍이 정해진 후에는 궁궐의 방향을 두고 무학대사와 정도전의 의견이 팽팽히 대립했다. 무학대사가 인왕산을 주산으로 삼을 것을 주장한 반면, 정도전은 『주례』의 "국왕은 남면(南面)해야 한다"라는 구절을 인용하며 북악산을 주산으로 할 것을 주장했다. 결국 정도전의 주장이 관철됐고 이후 궁궐의 건축이 시작됐다.

새 궁궐은 1395년[태조 4년] 9월 29일에 755여 칸 규모로 세워졌다. 태조는 같은 날 낙성된 종묘에 4조(祖)의 신위를 개성으로부터 옮겨 모시고 친히 새 궁궐을 살핀 다음 신하들에게 잔치를 베풀었다.

술이 거나해진 태조는 정도전에게 새 궁궐의 이름과 각 전당의 이름을 짓도록 명했고, 정도전은 『시경』「주아(周雅)」편의 "이미 술을 마셔서 취하고 큰 은덕으로 배가 부르니 군자께서는 만년토록 큰 복(景福)을 누리리라"라는 구절을 인용해 궁궐의 이름을 경복궁으로 정했다고 했다.

> 신은 상고하건대, 궁궐이란 임금이 정사를 다스리는 곳이요, 사방이 우러러보는 곳이요, 신민들이 다 나아가는 곳이므로, 제도를 장엄하게 해서 위엄을 보이고 이름을 아름답게 지어 보고 듣는 자를 감동하게 해야 합니다. 그러므로 한·당 이래로 궁궐의 호칭이 혹은 전에 있던 이름을 따기도 하고 혹은 고쳐 부르기도 했으나, 그 존엄성을 보이고 감동을 일으키게 한 바는 그 의의가 동일한 것입니다.
>
> 전하께서 즉위하신 지 삼 년이 되던 해, 한양에 도읍

을 정하시고 먼저 종묘를 세운 다음 궁전을 건립했습니다. 그 이듬해 시월 을미일에 상께서는 친히 곤룡포와 면류관을 갖추고 선왕(先王)·선후(先后)에게 새 종묘에서 제사를 지내고, 이어 군신들에게 새 궁전에서 잔치를 여셨습니다. 이것은 대개 신의 은혜에 감사하며 미래의 복을 받기 위한 것이었습니다.

술이 세 순배가 돌자 신 도전에게 명하시기를, '지금 도읍을 정하여 종묘에 제사 지내고 새로운 궁전이 낙성되어 여러 군신들과 잔치를 열게 됐으니, 그대는 마땅히 궁궐의 이름을 지어서 나라와 더불어 길이 빛나도록 해야 할 것이다'라고 하셨습니다.

신은 삼가 머리를 조아려 절하고, 『시경(詩經)』「주아(周雅)」에 있는, '이미 술에 취하고 덕에 배부르니 군자는 영원토록 크나큰 복을 받으리라'라는 시구를 인용하여, 새 궁궐의 이름을 경복궁(景福宮)이라고 짓기를 청했습니다. 여기에서 전하께서 자손들과 더불어 만년 태평한 왕업을 누리시옵고, 사사방의 백성들도 길이 보고 느끼는 바가 있을 것입니다. 그러나 『춘추』에서, "백성을 중히 여기고 토목 공사를 삼가라" 했으니,

어찌 임금이 된 이가 백성만을 부려 스스로를 받들게 하라는 것이겠습니까. 한가로이 넓은 집에 있을 때는 빈한한 선비를 비호할 것을 생각하고, 서늘한 전각(殿閣)에 있으면 그 맑은 그늘을 나누어 줄 것을 생각해야 합니다. 그런 다음에야 만민(萬民)이 받듦에 저버림이 없을 것입니다. 그래서 여기에 아울러 언급합니다.

-「경복궁」,『삼봉집』

경복궁의 정전(正殿)인 근정전, 정무를 보는 사정전(思政殿), 침전인 강녕전(康寧殿), 연생전(延生殿)과 경성전(慶成殿), 융문루(隆文樓)와 융무루(隆武樓) 등의 이름도 정도전의 구상에서 나왔다. 이들 이름의 의미에 관한 이야기도『삼봉집』과『태조실록』에 기록되어 있다.

이에 따르면 근정전은 임금이 부지런히 정치에 힘써야 한다는 의미를 담고 있으며, 특히 부지런할 바를 알고 부지런한 것이 중요하다고 밝히고 있다. 정도전은 임금이 "아침에는 정사를 듣고, 낮에는 어진 이를 찾아보고, 저녁에는 법령을 닦고, 밤에는 몸을 편안하게 하는 것"에 부지런해야 하며 "어진 이를 구하는 데에 부지런하고 어진 이를 쓰

는 데에 편안히 하는 것"을 강조하며 임금의 덕목을 서술
했다.

또한 강녕전은『서경』홍범구주(洪範九疇)에 나타난 오복
(五福) 중 셋째인 '강녕(康寧)'에서 그 이름을 따온 것이며,
강녕을 들어 오복을 모두 향유하길 바라는 뜻에서 붙인 것
이다.

융문루와 융무루의 이름에서는 문(文)과 무(武)가 사람의
두 팔과 같아 하나라도 폐할 수 없는 것임을 강조하며 문무
를 함께 써서 오래도록 다스림을 이루라는 의미로 풀이하
고 있다.

02

시대정신을 설계한
조선의 첫 재상

임금의 자질에는
어리석은 자질도 있고 현명한 자질도 있으며
강력한 자질도 있고 유약한 자질도 있어서
한결같지 않으니…
옳은 일은 받들고 옳지 않은 것은 막아서,
임금으로 하여금
대중(大中)의 지경에 들게 해야 한다.

– 「총서」, 「치전」, 『조선경국전』

조선은 이성계가 왕이 된 왕조 국가였다. 따라서 왕권이라는 것은 무엇도 비견할 수 없는 절대 권력이었다. 그러나 건국의 이념을 제시한 정도전은 자신과 같은 재상의 권력이 언제든 왕권을 제압할 수 있어야 한다는 생각이 있었다.

정도전은 임금이 국가를 이끌어가는 최고의 통치자임을 인정하면서도 혈연적 왕위 세습의 특성으로 인해 국왕의 자질이 불완전할 수 있다는 사실 또한 지적했다.

따라서 임금의 자질에 상관없이 올바른 길로 가게 할 수 있는 재상의 역할이 중요하다고 여겼다. 또한, 재상이 모든 국가의 업무, 특히 "내시들의 집무 상황, 왕이 타고 다니는 수레나 말, 의복 장식, 음식" 등에 이르기까지 자질구레한 일도 알고 있으면서 임금이 사치하지 않고 절제하도록 해야 한다는 구절에서도 임금이 바른길로 나아가도록 제어해야 하는 재상직의 중요성을 강조했다.

궁중의 비밀이나 빈첩들이 왕을 모시는 일, 내시들의 집무 상황, 왕이 타고 다니는 수레나 말, 의복의 장식, 그리고 왕의 먹는 음식에 이르기까지도 오직 총재만은 알아야 한다. 총재는 중신(重臣)이므로 임금이 예우

하게 되는데, 몸소 이렇듯 자질구레한 일까지 관여한
다는 것은 너무 번거로운 일이 아닐까? 그렇지 않다.
빈첩·궁녀들이나 내시들은 본래 임금의 심부름을 맡
은 사람들인데, 이들이 올바르지 않으면 사특하고 아
첨하게 되는 일이 일어나고, 수레와 말, 의복과 음식은
본래 임금의 일신을 봉공하는 것인데, 절제하지 않으
면 사치하고 낭비하는 폐단이 생긴다. 그러므로 선왕
이 법을 만들 적에 이러한 일들을 모두 총재에게 소속
시켜 총재로 하여금 절제와 제한을 두게 했으니, 그 사
려가 원대한 것이다.

- 「총서」, 「치전」, 『조선경국전』,

『조선경국전』은 정도전이 조선의 통치 이념, 통치 조직
전반에 관해 정도전이 저술한 법전서로, 그가 구상한 조선
건국의 모델을 보여주는 대표적인 책이다. 『조선경국전』
이후 『경제육전(經濟六典)』, 『신속육전(新續六典)』 등의 보완
법전이 등장했으며 이를 토대로 조선의 기본 법전인 『경국
대전(經國大典)』의 편찬 또한 가능했다는 점에서 『조선경국
전』의 편찬은 큰 의의를 갖는다.

정도전이『조선경국전』을 편찬했다는 기록은『태조실록』에서도 확인할 수 있다.『태조실록』 1394년 5월 30일의 기록에는 "판삼사사 정도전이『조선경국전』을 지어서 바치니, 임금이 이를 관람하고 감탄하여 칭찬하면서 구마(廐馬), 무늬 있는 비단, 명주·백은(白銀)을 내려주었다"라는 서술이 보인다.[1] 이성계의 신임 속에서 조선의 시스템을 확립하는 역할을 맡아 수행했던 정도전의 면모를 엿볼 수 있다.

정도전은 중국『주례(周禮)』의 영향을 받아 6전 체제를 바탕으로 법전을 정리하여 조선의 기본 통치 체제를 확립하고자 했다.『조선경국전』서문에는 "예전부터 지금까지의 천하와 국가의 치란성쇠(治亂盛衰)를 환하게 상고할 수 있으니, 그중에 다스리고 흥한 것은 이 육전을 밝혔기 때문이요, 그중에 어지럽고 망한 것은 이 육전에 어두웠기 때문이다"라는 기록이 있다. 이를 통해 정도전이 국가의 운영에 있어서 6전을 중시했던 모습을 엿볼 수 있다.

6전의 앞에는 치국의 근본이 되는 정보위(定寶位), 국호(國號), 정국본(定國本), 세계(世系), 교서(教書) 등의 항목을 서론으로 기술했다. '정보위'에서는 군주권의 정당성을 논했는데, 통치 권력의 정당성을 갖추기 위한 핵심 요소로서 인정(仁政)의 중요성을 강조하고 있다.

'국호'에서는 조선이라는 국호를 제정한 것에 기자조선을 계승한 문화적 자부심이 바탕이 됐다는 점을 강조했다. 또한 '정국본'에서는 세자를 세우는 일에 대한 중요성을 서술하며 어진 사람으로서 국본을 정해야 함을 주장했다.

6전으로는 「치전(治典)」, 「부전(賦典)」, 「예전(禮典)」, 「정전(政典)」, 「헌전(憲典)」, 「공전(工典)」이 수록되어 있다. 「예전」, 「공전」 이외에는 『경국대전』과 다른 명칭을 사용하고 있지만 『경국대전』이 『조선경국전』을 바탕으로 편찬된 만큼 그 성격은 유사하다.

「치전」은 관제(官制), 관리의 임명, 아전, 군관, 봉작과 증직, 승습 등의 내용을 다루어 『경국대전』 「이전(吏典)」의 성격과 유사하다. 「부전」은 각종 세금, 군수물자, 녹봉 등의 내용을 다루어 「호전」과 같고, 「정전」은 「병전」, 「헌전」은 「형전」과 같은 성격을 띤다. 각 전은 '총서'와 '관서'의 관할 사무를 나누어 서술한 부분으로 구성되어 있다.

「치전」 「총서」에서는 재상의 역할을 강조했던 정도전의 사상이 확연하게 드러난다. 그는 재상, 즉 신하의 역할을 무엇보다 강조했고, 나아가 조선의 정치 체제를 신권 중심으로 완성하려 했다.

총재라는 것은 위로는 군부를 받들고 밑으로는 백관을 통솔하며 만민을 다스리는 것이니, 그 직책이 매우 큰 것이다. 또 임금의 자질에는 어리석은 자질도 있고 현명한 자질도 있으며 강력한 자질도 있고 유약한 자질도 있어서 한결같지 않으니, 총재는 임금의 아름다운 점은 순종하고 나쁜 점은 바로잡으며, 옳은 일은 받들고 옳지 않은 것은 막아서, 임금으로 하여금 대중(大中)의 지경에 들게 해야 한다. 그러므로 상(相)이라 하니, 즉 보상(輔相)한다는 뜻이다. 백관은 제각기 직책이 다르고 만민은 제각기 직업이 다르니, 재상은 공평하게 해서 그들로 하여금 각기 그 마땅함을 잃지 않도록 하고, 고르게 해서 그들로 하여금 각기 그 처소를 얻게 해야 한다. 그러므로 재(宰)라 하니, 즉 재제(宰制)한다는 뜻이다.

–「총서」, 「치전」, 『조선경국전』

　이렇듯 재상은 국가의 모든 일을 주관하는 중심에 있는 직임이라는 것이 정도전의 핵심 사상이었다. 실제로 정도전 스스로도 국왕보다 더욱 중요한 직임을 수행하는 재상의 위치에 자부심을 가졌던 것으로 보인다.

> 송(宋)의 위대한 유학자 진서산(眞西山)은 재상이 해야 할 일을 논하여, "자신을 바르게 하고 임금을 바르게 하며, 인재를 잘 선택하고, 일을 잘 처리하는 것이다"라고 했으니, 뜻있는 말이었다. 신의 어리석은 생각으로는, '자신을 바르게 하고서 임금을 바르게 하는 것'이란 치전의 근본인 것이고, '인재를 잘 선택하고 일을 잘 처리하는 것'이란 치전이 그로 말미암아 행해지는 것이라고 여긴다.
>
> 　　　　　　　　　－「총서」,「치전」,『조선경국전』

　그가 취중을 빙자해 '한고조가 장량[장자방]을 이용한 것이 아니라 장량이 한고조를 이용한 것'이라고 언급했다는 일화도 있다. 이성계를 한고조에, 정도전을 장량에 비유한 발언인데, 이성계가 왕이지만 그를 이용할 수 있는 존재인 정도전이 더욱 큰 영향력을 가진다는 의미를 내포한다.

이러한 일화는 정도전이 조선이라는 새 왕조 건설의 최고 주역임을 스스로 자부한 인물이었음을 잘 보여준다.

03

조선의 설계자,
신권중심주의

재상의 일을 맡기는 데는
반드시 재상의 재목이 있으니,
그 마땅한 사람을 구하지 않으면
혹은 유약(柔弱)하여 제압되기 쉬우며,
혹은 아첨하고 간사한 자가 아첨하여 나오거나,
혹은 외척과 결탁하고,
혹은 중인(中人)〔환관이나 궁녀〕에게 붙는다.

– 「재상의 직」, 『경제문감』

『조선경국전』이후에 서술된 『경제문감』을 통해서도 정도전이 자신의 정치적 소신인 재상중심주의 사상을 일관되게 피력하고 있음을 알 수 있다. 『경제문감』은 『조선경국전』의 내용 중 「치전」 부분을 보완한 성격의 책으로, 정도전이 1395년[태조 4년]에 저술하여 태조에게 올렸다.

1478년, 우리나라 역대 인물들의 시와 산문을 엮어 서거정이 펴낸 『동문선(東文選)』에 남아 있는 『경제문감』의 서문에서 그 편찬 동기와 각 항목 선정의 이유를 상세하게 알 수 있다.

정도전은 옛사람에 대한 평론을 그의 업무 수행 능력, 자질 등을 토대로 정리했고 이를 통해 "벼슬을 하는 사람들로 하여금 모두 임무가 쉽지 않음을 알고 부지런히 질서정연하게 그 직책을 다하는 것"에 도움을 주기 위해 『경제문감』을 작성했다고 밝혔다.

이 책에서 정도전은 재상제도(宰相制度)의 역사적 변천 과정 및 직책 등을 중요하게 다뤘다. 재상에 대한 항목 뒤로는 대관(臺官), 간관(諫官), 위병(衛兵), 감사(監司), 주목(州牧), 군태수(郡太守), 현령(縣令)의 직책에 대해 차례로 기술했다.

또한 책에 재상을 먼저 기록한 것은 "상의 임무가 도(道)를 의논하고 나라를 다스려서 음양을 섭리하여 그 관계되는 일이 지극히 중대"하여 다른 벼슬과 비교할 수 없기 때문이라고 설명했다. 다음으로는 대간(臺諫)을 기록했는데, 권력이 집중되는 상황에서 발생할 수 있는 폐단을 막기 위해 대간의 언론 기능이 중요하기 때문이라고 서술했다.

특히 「재상의 직」에서는 재상의 역할에 대한 설명과 함께 역대 중국의 훌륭한 재상 중 대표적인 인물과 그들로 인해 국가가 융성할 수 있었음을 서술했다. 마지막으로는 재상에 걸맞은 사람을 뽑지 않으면 벌어지는 일들에 관해 이야기하며 재상 선출의 중요성을 역설한다.

후세에 비인(匪人)[행위가 바르지 못한 사람]을 재상으로 삼아 나라가 뒤집히고 망하는 일이 잇달았으니, 애석함을 이길 수 없다. 재상의 일을 맡기는 데는 반드시 재상의 재목이 있으니, 그 마땅한 사람을 구하지 않으면 혹은 유약하여 제압되기 쉬우며, 혹은 아첨하고 간사한 자가 아첨하여 나오거나, 혹은 외척과 결탁하고, 혹은 중인(中人)[환관이나 궁녀]에게 붙는다. 뭇사람

이 우러러보는 지위에 거하고 치도(治道)를 논하는 직
책에 처하면, 간사한 자는 권세를 부려 복록을 지으며,
벼슬을 팔고 법을 팔아 천하를 어지럽게 하며, 유약한
자는 임금의 뜻을 받들어 따르기만 하고 입을 다물어
말을 아니 하여 은총만을 굳히매, 크게는 사직을 위태
롭게 하고 작게는 기강을 무너뜨리니, 재상의 임무를
어찌 가벼이 주겠는가.

-「재상의 직」,『경제문감』

이러한 정도전의 재상중심주의 사상은 결국 그의 죽음
을 재촉하는 한 원인이 되기도 했다. 조선이 건국됐을 당시
정도전은 이성계의 신임을 바탕으로 자신이 의도하는 방
향대로 재상 중심의 건국 이념 지표들을 설정해 나갔다.

정도전의 사상에 가장 강력히 반발한 인물은 이방원(李
芳遠)이었고, 이들의 갈등은 태조의 후계자인 세자 책봉을
계기로 확연히 드러났다.

태조의 첫째 부인이자 정비인 신의왕후 한씨와 태조 사
이에는 장성한 아들 6명[방우, 방과, 방의, 방간, 방원, 방연]이 있
었지만, 그녀는 조선 건국 전인 1391년에 55세의 나이로

사망했다. 둘째 부인인 계비 신덕왕후 강씨 사이에서는 아들 방번과 방석이 태어났다.

신덕왕후 강씨는 태조에 대해 큰 영향력을 가지고 있었는데, 조선 건국 한 달 후인 1392년 8월 20일 그녀의 소생인 11세의 방석을 세자로 책봉시킨 데서 이를 알 수 있다.

자질이 일정하지 않은 국왕이 세습되어 전권을 행사하는 왕권의 한계를 인식하고 선발된 재상이 중심이 되어 정치를 펴야 한다는 신권중심주의를 주장한 정도전은 세자 책봉을 기회로 여겼다.

강력한 왕권을 주장하는 방원과 같은 버거운 상대보다는 어린 세자 방석이 즉위하는 것이 자신의 입지를 키울 수 있는 방편이라 생각했기 때문이었다.

세자로 책봉된 방석은 어머니 강씨와 정도전, 남은 등 개국공신의 후원에 힘입어 세자로서의 자질을 익혀갔다. 또한 정도전은 특히 왕자들이 보유하고 있던 사병의 혁파를 단행하여 경쟁 관계에 있었던 방원 등의 무력 기반을 해체하고자 했다.

신의왕후 한씨 소생의 아들들은 방석의 세자 책봉과 정도전의 처사에 대해 분개했다. 특히 자신에게 서서히 가해지는 정치적 압박에 위기의식을 느끼고 있던 이방원은 신덕왕후 강씨가 죽고 태조마저 병석에 눕게 되어 세자 방석의 입지가 위축된 상황을 놓치지 않고 거사를 벌였다. 이전부터 단결하고 있던 한씨 소생의 왕자들 중 쿠테타를 주도한 인물은 이방원이었다.

1398년 경복궁 남문에 병력을 배치한 후 우선 최대의 정적인 정도전의 제거에 나섰다. 정도전은 자신의 자택[현재의 종로구청 자리]에서 가까운 남은(南闇)의 첩 가옥[현재의 서울경제 자리]에서 남은, 심효생 등과 환담을 하던 중 불의의 일격을 받고 죽임을 당했다.

정도전을 제거한 이방원은 세자 방석을 유배시킨 후 살해했는데, 이 사건이 1차 왕자의 난이다. 정도전에 대한 이방원의 증오는 그의 수진방 자택을 몰수하여 말을 먹이는 사복시(司僕寺)로 사용한 것에서도 드러났다.

치열했던 이방원과 정도전의 갈등은 1398년의 왕자의 난 성공으로 정도전이 제거되면서 이방원의 승리로 끝을 맺었다. 이는 정도전이 주장한 재상이 주도하는 신권중심주의가 패배했음을 보여주기도 한다.

04

불교의 고려에서
성리학의 조선으로

진서산(眞西山)이 말하기를,
"신선을 구하고 부처에게 아첨하는
두 가지를 다했으나
1년이 못 되어 효과가 그러했으니 …"
신(臣)이 이 때문에 이 사실을 모두 아울러
임금 된 사람으로서
신선이나 부처에게 빠지는 것을
경계하고자 하는 것입니다.

– 「사불심근연대우촉」, 『불씨잡변』

정도전은 1398년[태조 7년]『불씨잡변』을 저술하여 고려 후기 사회적 폐단을 심각하게 노정한 불교의 이론 체계를 강력히 비판했다. 저술 후에는 권근(權近)[1352~1409]에게 서문을 부탁했는데, 1398년 8월에 1차 왕자의 난으로 정도전이 사망하여 『불씨잡변』의 간행에 차질이 빚어지게 됐다.

이 때문에 다른 정도전의 저술과 달리 『불씨잡변』은 세상에 나오지 못했는데, 15세기에 이르러서야 윤기견(尹起畎)에 의해 간행될 수 있었다.

이 책은 불교 중심의 고려 사회에서 성리학 중심의 조선 사회로 나아가는 과정에서 성리학이 지니는 우월성을 역설했으며, 불교의 교리를 성리학자의 관점에서 체계적으로 정리하고 비판하고자 했다는 점에서 의의가 있다.

진서산(眞西山)이 말하기를, "상고하건대 후세의 임금들이 부처를 섬긴 것은 대저 복전(福田)[부처의 법력]에 대한 이익을 구하는 것이니, 이를테면 이익되고자 하는 마음을 가지고 하는 것입니다. 그러므로 한유가 간하여 '옛날 제왕 때에는 부처가 있지 않아도 장수를 했

는데 후세의 임금들은 부처를 섬기는데도 일찍 죽는
다'라고 진술했으니, 깊고도 간절하게 나타낸 말이라
하겠거늘, 그런데도 헌종은 깨닫지 못한 채 바야흐로
이때 금단(金丹) 약을 먹고 또 불골을 맞이했습니다.
신선을 구하고 부처에게 아첨하는 두 가지를 다했으
나 1년이 못 되어 효과가 그러했으니, 복전의 보응이
과연 어디에 있다 하겠습니까? 신이 이 때문에 이 사
실을 모두 아울러 임금 된 사람으로서 신선이나 부처
에게 빠지는 것을 경계하고자 하는 것입니다" 했다.

ㅡ「사불심근연대우촉」, 『불씨잡변』

『불씨잡변』은 정도전이 가진 유교적 편견을 기반으로
불교를 비판한 것이기 때문에 불교의 교의에 대한 완벽한
분석을 한 것이라고 보기는 어렵지만, 정도전이 불교에 관
해 어느 정도 해박했음을 알 수 있다.

또한, 『불씨잡변』을 통해 드러난 정도전의 불교관이 이
후 조선의 사대부의 불교에 대한 태도를 결정했다는 점에
서 큰 영향력을 가진 저술이었다고 평할 수 있다.

정도전은 총 20편의 논설로 『불씨잡변』을 구성했는데,

불교의 교리와 관점을 비판하는 잡변(雜辨) 15편, 실제 사례를 통해 불교의 폐단을 서술한 전대사실(前代事實) 4편, 부설 1편을 수록했다. 잡변의 내용으로는 「불씨윤회지변(佛氏輪廻之辨)」, 「불씨인과지변(佛氏因果之辨)」, 「불씨심성지변(佛氏心性之辨)」, 「불씨지옥지변(佛氏地獄之辨)」 등이 있다.

이는 불교의 교리를 윤회설, 인과설, 심성설, 지옥설 등 10여 편으로 나누어 조목조목 그 문제점을 비판한 것이다. 전대사실 4편에서는 위의 사례와 같이 중국의 역사 사례를 들어 불교가 가진 유해성을 밝히고자 했다.

간행의 자세한 경위는 「삼봉선생 불씨잡변 발문(三峯先生佛氏雜辨跋)」에 나와 있다. 이에 따르면 윤기견이 1438년[세종 20년]에 성균관 생원으로 있을 때 동년(同年)이던 정도전의 손자뻘 친척 한혁(韓奕)이 『불씨잡변』을 집에서 발견하여 윤기견에게 보였다고 한다. 윤기견은 이를 살펴본 후 대단한 저술이라고 생각하여 간직해 왔고, 양양(襄陽) 부사로 있으면서 목판에 새겨 간행하게 했다.[2]

서거정의 『동문선』에는 권근이 쓴 『불씨잡변』 서문도 전하는데, 여기에 『불씨잡변』의 저술 경위와 구성 등에 대해 자세히 나와 있다. 서문에 따르면 정도전은 이전부터 유교와 이단의 정당하고 편벽된 것을 밝혀 놓았고 교화에 힘썼으나 일반 백성들이 이단에 대해서 더욱 깨끗이 버리지 못하는 것을 스스로의 책임이라며 자책했다고 한다.

이에 무인년[1398년] 여름에 병으로 며칠간 휴식할 때에 『불씨잡변』을 저술했고, 이를 권근에게 보여주며 다음과 같이 말했다.

> 무인년 여름에 병으로 며칠 동안 휴식하는 틈을 얻어 또 이 글을 만들어서 나[권근]에게 보이며 말하기를, "불씨의 해독이 윤리를 폐기하여 반드시 금수로 이끌어서 인류를 멸망시킬 것이니, 명교(名敎)를 주장하는 사람은 마땅히 적대시하고 힘껏 쳐 없애야 한다. 내가 일찍이 내 뜻대로 할 수 있는 때가 돌아오면 반드시 이단을 깨끗이 없애겠다고 했는데, … 결국 없애지 못하고 마는 것이다. 그래서 울분한 마음을 스스로 억제할 수 없어 이 글을 지어서 후인들이 언제라도 깨닫기를 바라는 것이다. … 이 글을 보면 유(儒)와 불(佛)의 정당하고 간사한 판가름은 환하게 알 수 있으리니, 비록 이 시대에는 시행이 안 되어도 후세에는 전할 수만 있다

면 내가 죽어도 안심되는 일이다" 했다.

-「불씨잡변설 서문」,『동문선』

이를 통해 정도전이 결국 이단[불교]을 제거하지 못했다는 현실에 울분을 품고『불씨잡변』저술했으며, 당대는 물론이고 후대의 사람들이 이를 보고 유교와 불교의 옳고 그름을 명확히 판단할 수 있게 될 것이라는 기대를 품고 있었음을 알 수 있다.

05

유배가 빚어낸
위민 정신

내가 찬찬하지 못하고 너무 고지식하여,
세상의 버림을 받아 귀양살이로 멀리 와 있는데도
동리 사람들이 나 대접하기를 이렇듯 두텁게 하니,
어쩌면 그 궁한 것을
불쌍하게 여겨서 거두어 주는 것일까?

– 「소재동기」, 『삼봉집』

「소재동기」는 정도전이 유배 생활을 했던 나주 거평의 동네에 대해 저술한 글이다. 유배의 경험은 이후 정도전이 위민 정신을 바탕으로 한 사회 개혁 의지를 다지는 데에 큰 영향을 미쳤다.

정도전은 고려 말 정치적 격동기에 관직 생활을 시작했다. 1362년에 과거시험에 급제하여 부친 정운경(鄭云敬)[1305~1366]의 뒤를 이어 본격적으로 관리의 길에 들어서게 됐고, 당대의 지성을 대표했던 이색(李穡)[1328~1396]의 문하에 들어갈 수 있었다. 정운경이 이색의 부친 이곡과 친밀했기 때문이었다.

정도전은 이색의 문하에서 정몽주, 이숭인, 이존오 등과 함께 고려말 안향에 의해 원나라에서 전파된 성리학을 배웠다. 새롭게 성장한 젊은 학자들은 성리학에서 추구하는 도덕정치, 왕도정치, 민본사상 등을 바탕으로 고려말 권문세족에게 집중된 권력 체제의 모순과 불교계의 폐단을 극복할 수 있는 사상적 기반을 마련했다. 이는 정도전도 마찬가지였다.

정도전이 개경에서 성리학을 공부하고 관리의 길을 걷던 시기 고려의 왕은 공민왕[1330~1374, 재위 1351~1374]이었다. 공민왕은 왕이 된 직후 반원 자주화 정책을 전개했고, 내부 개혁 정책을 실천해 나갔다.

그 핵심은 권문세족 척결이었고, 이를 추진하기 위해 신진 세력인 사대부를 양성해 자신의 정치적 지지 기반으로 삼고자 했다. 정도전은 공민왕의 후원에 힘입어 탄탄한 관직 생활과 학문 활동을 할 수 있었다.

그러나 1374년 공민왕이 시해되며 이에 따라 정도전의 정치 생활도 위기를 겪게 됐다. 공민왕 시해 후 우왕(禑王)이 즉위하면서 이인임(李仁任)[?~1388], 경복흥(慶復興)[?~1380] 등 친원파들이 권력을 장악했고, 이들은 신진사대부 세력과 갈등을 빚게 됐다.

특히 정도전은 북원(北元)의 사신이 오는 것을 강력히 반대하다가 이인임의 노여움을 사 1375년 30대 초반의 나이에 나주 거평 부곡으로 유배됐다. 당시 상황은 『고려사』기록에 다음과 같이 기록되어 있다.

우왕 초 북원(北元)의 사신이 오자 이인임과 지윤(池奫)이 그들을 맞아들이려 하자 정도전이 김구용(金九容)·이숭인(李崇仁)·권근과 함께 도당(都堂)에 글을 올려

맞아들여서는 안 된다고 했다.

이인임과 경복흥이 그 글을 받아들이지 않고 정도전에게 원 사신을 맞이하라고 명령하자, 정도전은 경복흥의 집을 찾아가서 이르기를, "제가 마땅히 사신의 머리를 베어 오든지 그렇지 않으면 결박하여 명(明)에 보내겠습니다"라고 말했다.

경복흥이 성내며 이르기를, "그렇게 하면 반신(叛臣)인 김의(金義)와 무엇이 다른가?"라고 꾸짖으니 정도전이 이해득실을 자세히 늘어놓았는데 그 말이 매우 불손했다.

또한 태후(太后)[명덕태후]에게도 사신을 받지 말아야 한다고 하자 경복흥이 더욱 노하여 이인임과 함께 정무를 보지 않으니, 이에 정도전을 회진현에 유배를 보냈다.

－「정도전」, 「열전」, 『고려사』

이때 정도전이 처음 유배됐던 곳이 나주군 회진현 거평 부곡의 소재동이었고, 이곳에서 그는 3년간 부곡민들과 생활하며 농민 생활의 실상을 경험했다. 「소재동기」는 이러한 정도전의 유배 생활의 모습을 생생하게 알 수 있는 중요한 기록 중 하나이다.

특히 "겨울에 갖옷 한 벌, 여름에 갈옷 한 벌"로 생활하며
"농사꾼 또는 시골 늙은이를 만나 싸리포기를 깔고 앉아 위로
하기를 옛 친구처럼" 했다는 기록에서 소박한 삶을 살며 일반
백성들과 허물없이 지내는 정도전의 모습을 확인할 수 있다.

> 나는 겨울에 갖옷 한 벌, 여름에 갈옷[葛] 한 벌로써 일
> 찍 자고 늦게 일어나며, 기거에 구속되지 않았고 음식
> 도 마음대로 먹었다. 그리하여 그 두세 학자들과 강론
> 하다가는 개울을 따라 산골짜기를 오르내리는데, 피
> 곤하면 휴식하고 흥이 나면 걷고, 경치가 아름다운 곳
> 을 만나면 이리저리 구경하며 휘파람을 불고 시를 읊
> 느라고 돌아갈 줄 몰랐다. 어떤 때는 농사꾼 또는 시골
> 늙은이를 만나, 싸리포기를 깔고 앉아서 서로 위로하
> 기를 옛 친구처럼 하기도 했다.
>
> ─「소재동기」, 『삼봉집』

유배 생활로 관직에서 밀려나 시골에서 산다는 것에 쓸
쓸함도 「소재동기」의 마지막 부분에 잘 나타나 있다. 정도

전은 뒷산에 올라가 마을을 바라보다가 좋은 장소를 발견하고 그곳에 초당을 짓고 거처했다고 말했다. 그리고 자신이 이곳에 얼마나 살 것인지, 이 초사가 무너질지 혹은 후세에 알려질지 모두 알 수 없다면서 알 수 없는 미래에 대한 허망함을 말하고 있다. 탄탄한 관직 생활을 하다가 예고 없이 유배를 당하게 된 정도전의 입장에서 이러한 허망함은 당연히 느껴지는 감정이었을 것이다.

하루는 뒷산에 올라가서 사방을 바라보다가, 그 서쪽 한 곳이 좀 평평하고 그 아래로 넓은 들이 펼쳐 있는 것이 좋아 드디어 종에게 명하여 묵은 숲을 베어내고 띳집 두 칸을 지었는데, … 일이 간략하고 힘이 적게 드는데도 동리 사람들이 와서 도와주어서 며칠이 못 되어 완성됐다. 그래서 편액을 초사(草舍)라 하고 곧 거처했다. 아! 두자미(杜子美)는 성도(成都)에 있을 적에 초당을 짓고 산 것이 겨우 한 해를 지냈을 뿐인데, 초당의 이름은 천년을 전한다. 내가 이 초사에서 얼마나 살 것인지, 내가 이곳을 떠나간 뒤에 이 초사가 비바람을 맞아 무너지고 말 것인지, 들불에 타거나 썩어

흙덩이가 되고 말 것인지, 아니면 후세에 알려질지, 알려지지 않을지, 모두 알 수 없는 일이다. 다만 내가 찬찬하지 못하고 너무 고지식하여, 세상의 버림을 받아 귀양살이로 멀리 와 있는데도 동리 사람들이 나 대접하기를 이렇듯 두텁게 하니, 어쩌면 그 궁한 것을 불쌍하게 여겨서 거두어 주는 것일까? 아니면 그들이 먼 지방에서 생장하여 당시의 의논을 듣지 못하여 내가 죄 있는 자인 줄 몰라서인가? 아무튼 모두 후대가 지극했다. 내가 한편으로는 부끄럽고 한편으로는 감동이 되므로 그 시말을 적어서 나의 뜻을 표하는 것이다.

-「소재동기」,『삼봉집』

그럼에도 불구하고 유배 생활에 힘이 되는 것이 있다면 함께 생활하는 사람들이었음을 알 수 있다. 정도전이 세 들어 살았던 집 주인인 황연, 담소를 나누는 상대였던 김성길과 김천, 기억력이 좋은 서안길, 술을 잘 마시는 김천부, 조송 등이 「소재동기」에 나타나 있다.

이들과 정도전은 날마다 함께 어울리고 맛있는 음식을 얻게 되면 함께 즐기는 가까운 사이였다. 정도전은 마을 사람들이 귀양살이를 와있는 자신을 후하게 대우하는 것에 큰 감동을 느끼고「소재동기」를 지은 것이다.

이외에도 정도전의 유배 생활을 엿볼 수 있는 기록으로는「답전부(答田夫)」가 대표적이다. 정도전은 소재동에서 유배 생활을 하며 목격한 농촌의 모습과 자신의 체험을 바탕으로 글을 지어 이를 모은 『금남잡제(錦南雜題)』 등의 문집을 남겼다.

『삼봉집』 4권에는 『금남잡제』에 수록되어 있던 글들이 상당수 실려있어 유배 생활 중의 정도전의 사상을 확인할 수 있는데,「답전부」도 그중 하나이다.「답전부」는 '농부에게 답하다'라는 의미로, 들에서 만난 늙은 농부와 정도전이 문답하는 형식의 글이다.

농부는 정도전의 외양을 보고 죄를 짓고 유배당한 조정의 벼슬아치라는 것을 파악했다. 이후에는 지은 죄에 관해 묻고 있으며, 정도전의 대답을 통해 그가 유배당할 수밖에 없었던 이유를 밝힌다.

농부와의 이러한 대화를 통해 정도전은 자신이 유배에 처한 이유와 유배지에서의 자신의 상황을 되돌아보고 그에 관한 생각을 드러내고 있다.

PART 2

조광조

개혁가의
꿈과 좌절

조광조 趙光祖 1482~1519

16세기를 대표하는 성리학자이자 개혁 성향을 실천한 사림파 정치인. 김종직의 학통을 이어받은 김굉필의 문하에서 수학하면서 영남사림파의 학통을 전수받았다.

과거 합격 후 중종의 총애를 받은 후에 요직을 두루 거쳤으며, 관직 입문 4년 만에 현재의 검찰총장에 해당하는 대사헌에 올랐다. 중종의 훈구파 견제 정책에 의해 후원을 받아 홍문관과 사간원에서 언관 활동을 했고, 성리학 이론서인 소학의 보급과 도교의 제천 행사 주관 기관인 소격서 철폐 등을 단행했다. 성리학적 도학 정치 이념을 구현하려 했으나 지나치게 급진적으로 추진하면서 중종과 훈구 세력의 강한 반발에 부딪혔다.

1519년[중종 14년] 중종의 사주를 받은 남곤, 심정 등의 훈구파들에 의해 붕당을 만들어 역모를 꾀한다는 죄목으로 전격 체포됐다. 나뭇잎에 주초위왕(走肖爲王)이란 글자가 나타난 상황은 조광조와 그의 지지 세력을 더욱 곤란하게 했다. 이후, 전라도 능주[현재의 화순]로 유배됐다가 중종이 내린 사약을 받고 생을 마감했다.

사후에 기묘명현(己卯名賢)으로 평가받는 동시에, 사림파의 아이콘으로 추앙받았다. 이황, 조식, 이이 등 후배 사림파들의 정신적 지주가 됐고, 광해군 때 오현의 한 명으로 성균관 문묘에 배향됐다. 개혁 정책을 적극적으로 펼치다가 희생된 개혁가라는 시각과 함께 급진적으로 자신의 이념을 실천하려 했던 파격적 인물이라는 평가가 양립하고 있다.

01

소학으로 성장한
조선의 사림

이 글〔소학〕을 궁벽한 촌간에까지 보급하고서야,
사람들이 다 효도로 아비를 섬기고
충성으로 임금을 섬길 줄 알아서
선후와 차서가 분명히 갖추어질 것입니다.

－『중종실록』 1517년〔중종 12년〕 9월 13일

조광조를 위시한 중종 시대를 대표하는 사림파 학자들인 김안국, 김정국, 김구(金絿) 등은 연산군 이래 퇴폐해진 세도(世道)를 구하기 위해서『소학』을 중시했고, 소학의 실천을 통해서, 학문과 의리의 구명에 몰두했다.

중종 시대 이후『소학』과『근사록』등 성리학 이념을 담은 기본서들이 팔도에서 간행되는 것 역시 이러한 흐름을 잘 보여준다.

『소학』은 총 6권으로, 내편(內篇) 4권과 외편(外篇) 2권으로 구성되어 있다. 내용은 물 뿌리고 쓸기, 응하고 대답하기, 나아가고 물러나기 등 일상생활의 예절을 비롯해, 어버이와 어른, 스승과 벗 등에 대해 인간적으로 마땅히 행해야 할 기본 도리를 담았다.

여기에는 옛 성현들의 착한 행실과 좋은 교훈도 곁들여 놓아 이해하기가 수월했다. 이 책은 집안을 가지런히 하고 더 나아가 나라와 천하까지 평안히 하기 위해서는 자기의 몸을 닦는 것이 근본이라는 '수신제가치국평천하(修身齊家治國平天下)'에 입각하여 서술됐다.『소학』은 16세기 사림파 학자들이 사림파의 학문과 사상을 보급하는 중요한 교재로 활용됐다.

『소학』을 활용한 가장 대표적인 인물은 조광조의 스승인 김굉필(金宏弼)이다. 김굉필은 '업문(業文)으로서는 천기(天機)를 알 수 없었는데 소학에서 어제의 잘못을 깨달았다'고 하여 이제까지 문물제도의 정비 과정에서 발달한 사장학(詞章學)[문장을 중시하는 학문]의 한계성을 『소학』에 의하여 극복하려는 모습을 보였다. 『경현록』에는 김굉필의 「소학을 읽고」란 시가 있다.

> 글공부를 했어도 아직 천기를 몰랐는데
> 지난 잘못을 소학에서 깨달았네
> 이로부터 정성껏 자식 도리를 다라며
> 이제 구차하게 좋은 옷 살찐 말을 부러워하지 않으리
> ―「소학을 읽고」, 『경현록』

김굉필의 제자 반우평은 「사화를 통곡한다」는 시에서 1504년[연산군 10년] 갑자사화로 유배지 순천에서 죽음을 맞이한 스승에 대해, "어른 공경과 스승 높임으로 『소학』의 정성 가르치시고, 신성을 보존하고 변화를 알도록 「계사(繫辭)」 밝히셨다"고 하며 『소학』을 신념화한 스승의 마지막

을 표현했다.

　김굉필은 일생『소학』을 손에서 놓지 않았고, '소학동자
(小學童子)'라 자칭하기까지 했다. 조광조, 김식, 박훈을 성
균관에 천거한 상황을 담고 있는『중종실록』의 기록에서
사신(史臣)이 이들 세 명에 대해 논한 내용도 있다.

> 사신은 논한다. 세 사람은 뜻이 같아서 공리(功利)에
> 급급하지 않고 성현의 학문에 뜻이 있었다. 항상『소
> 학(小學)』을 읽어 그 행실을 계칙(戒飭)하고 또 논의(論
> 議)를 중지하지 않으니, 사림(士林)이 자못 사랑하고 소
> 중히 여겼다. 세 사람은 도(道)가 같고 뜻이 맞지만, 그
> 하는 바가 각기 다르니, 기질(氣質)이 같지 않기 때문
> 이다. 조광조는 밝고 바르고 매우 곧으며, 식(湜)은 통
> 달하고 주편(周遍)하며, 훈(薰)은 덕행과 기량(器量)이
> 일찍 이루어졌다. 공리(功利)에 급급하지 않고 성현의
> 학문에 뜻이 있었다.
> 　　　　－『중종실록』, 1510년[중종 5년] 6월 8일

　조광조뿐만 나이라 당시 성균관에 천거를 받은 학자들

58

모두가『소학』을 열심히 읽은 모습이 나타난다. 이러한 분위기 속에서 조광조는 개인적인 학습에 그치지 않고, 중종에게『소학』의 보급을 적극적으로 역설했던 것이다.

조광조가 임문(臨文)하여 아뢰었다. "사람이 나서 8세가 되어『소학』을 배우기 시작하면 동몽(童蒙)의 교양이 지극히 바르고 스스로를 지키는 것이 굳게 정해지나, 후세에는『대학』,『소학』이 죄다 폐퇴했으므로 인재가 나지 않고, 혹 호걸한 선비가 있어서 그것을 일으키더라도 그 학술은 대개 부족하니, 이 글을 궁벽한 촌간에까지 보급하고서야, 사람들이 다 효도로 아비를 섬기고 충성으로 임금을 섬길 줄 알아서 선후와 차서가 분명히 갖추어질 것입니다. 세종조에서는 오로지『소학』의 도에 마음을 썼으므로 책도 중외(中外)에 반포했는데, 근래는 사람들이 읽지 않을 뿐 아니라 책도 아주 없어졌으며, 뜻이 있는 선비들까지도 몸소 행하기를 꺼립니다"

…

조강에 나아갔다. 지평 유운(柳雲)이 아뢰기를,

"이제 바야흐로 우문 흥화(右文興化)하여, 불시에 정시(庭試)를 보이고 삭망(朔望)에 재주를 시험하니, 그 양육하는 뜻이 지극합니다. 그러나 유생들이 과제(科第)를 취하고자 다투어 부화(浮華)한 글을 숭상하고 성리의 학을 일삼지 않습니다. 청컨대 사학(四學)의 유생으로 하여금 모두 『소학(小學)』을 읽게 하고, 윤차관(輪次官)으로 시강(試講)하게 하여 통한 사람에게 점수(分)를 주면 사람들이 모두 격려될 것입니다"

하고, 대사간 최숙생은 아뢰기를,

"방금 사습(士習)이 아름답지 못하여 다투어 말예(末藝)만을 일삼고 성리학은 힘쓰지 않아, 사서 오경(四書五經)도 모두 기송하기 쉬운 것만을 초하여 읽습니다. 마땅히 유생으로 하여금《소학》을 읽게 하고, 이것으로 월강(月講)을 하거나 혹은 전강(殿講)을 하여, 그 의논이 이치를 통한 사람을 장려하면 자연히 근본을 힘쓰고 다른 기예(技藝)에 가지 않을 것입니다"

했다.

–『중종실록』1517년[중종 12년] 9월 13일

　이렇듯 조광조를 비롯한 신진 사림 세력은 모두 소학을 기본으로 새로운 사회 질서를 만들어 나가려 했다. 나아가 소학의 보급을 주창한 조광조는 이러한 질서가 민간에까지 뿌리 내리도록 힘썼음을 알 수 있다.

02

중종을 사로잡은
조광조의 대책문

근본이라는 것은 다른 것이 아닙니다.
바로 도의 실현을 정치의 목표로 삼고,
마음을 정치의 근본으로 삼아,
성실하게 도를 행하는 것입니다.

— 「조광조의 대책문」

1515년[중종 10년], 성균관을 방문한 중종은 "오늘날과 같이 어려운 시대를 당하여 옛 성인의 이상적인 정치를 다시 이룩하기 위해서는 무엇을 어떻게 해야 할 것인가?"라는 책문(策問)을 던졌다.

> 공자의 가르침을 배운 그대들은 모두 요순시대와 같은 이상적인 사회를 구현하려는 뜻을 품고 있을 테니, 뜻이 단지 정치적 목적을 성취하는 데 그치지는 않을 것이다. 만일 오늘과 같은 시대에 옛날의 이상적인 정치를 이룩하고자 한다면, 먼저 무엇에 힘써야 하겠는가? 이에 대한 대책을 남김없이 논해보라.
>
> ─「중종의 책문」

여러 답안이 제시됐지만, 중종은 '성실하게 도를 밝히고[명도(明道)] 항상 삼가는 태도[근독(謹獨)]로 나라를 다스리는 마음의 요체로 삼을 것'을 핵심 요지로 하는 답안을 낸 조광조가 가장 마음에 들었다.

이 책문을 계기로 그 때까지는 가능성만 있었던 학자 조광조는 중종의 파격적인 신임을 얻게 됐다. 조광조의 대책문에서는 당시 성균관 유생이었던 그의 신분이 드러난다.

지금 주상 전하께서는 하늘처럼 부지런하고 땅처럼 순응하는 덕을 지니고, 끊임없이 힘쓰고 계십니다. 다스리는 마음이 이미 정성스럽고, 다스림을 행하는 방법도 이미 바로 섰습니다. 그런데도 오히려 기강이 아직 서지 않고, 법도도 아직 정해지지 않았다고 염려하십니다. 그래서 성균관에 오셔서 성인을 참배하는 예를 드리는 길에, 저희에게 대책을 묻는 시험을 내셨습니다. 먼저 옛 성인의 업적을 물으시고, 이어서 옛날의 이상적인 정치를 오늘에 회복하고자 하는 바람을 말씀하셨습니다. 그 모두 제가 아뢰기를 원하던 내용들이니, 감히 보잘것없는 생각이나마 마음을 다해 귀하신 물음에 만 분의 일이라도 성의껏 답하고자 합니다.

「조광조의 대책문」

조광조 대책문의 핵심은 요순(堯舜)의 도를 근본으로 삼고, 공자의 사상을 계승할 것을 요지로 할 것과, 기강과 법도를 밝혀 이를 정치에 적용해야 한다는 것이었다.

"공자께서는 본래 가지고 있는 도로써 사람을 이끌었기 때문에 효과를 쉽게 얻을 수 있었고, 본래 가지고 있는 마음으로써 감화시켰기 때문에 효험을 쉽게 얻을 수 있었던 것입니다"라고 한 것이나, "후세에 공자의 가르침이 세상에 확고히 서지 않았더라면, 요순의 도가 후세에 전해지지 않았을 것이고, 요순의 이상적인 정치도 회복될 수 없었을 것입니다"라는 조광조의 발언에서는 요순의 도를 밝힌 공자의 뜻을 계승하고자 하는 의지가 잘 나타나 있다.

중종의 정치력에 대해서는 도의 실현을 정치의 목표로 삼고, 도를 성실하게 행하면 요순시대의 이상 정치에 접근할 수 있다고 보았다.

지금 주상 전하께서는 지극히 성실한 마음으로 이른 아침부터 밤늦게까지, 어떻게 하면 요순시대의 이상적인 정치를 펼칠까, 어떻게 하면 요순시대의 아름다운 풍속을 일으킬까 염려하고 계십니다. 세상을 태평성대로 만들려고 이렇게 하신 지가 벌써 10년이나 됐습니다. 그런데도 아직 기강이 서지 않고 법도가 정해지지 않았으니, 그것이 어찌 임금님의 정성이 부족한

탓이겠습니까? 아마도 그것은 정치의 근본을 아직 터득하지 못했기 때문일 것입니다. 근본이라는 것은 다른 것이 아닙니다. 바로 도의 실현을 정치의 목표로 삼고, 마음을 정치의 근본으로 삼아, 성실하게 도를 행하는 것입니다.

「조광조의 대책문」

대책문을 계기로 중종의 파격적인 신임을 얻게 된 조광조는 정언, 대사헌 등 언관의 핵심 직책에 임명되면서 국왕의 든든한 후원군으로 자리 잡았다.

중종의 총애를 한 몸에 받은 조광조는 신진세력의 최선두에 서서 적극적으로 그가 구상하던 이상을 정치 현실에 실천하기 위한 개혁 정책들을 시도하게 된다.

이러한 조광조의 파격적인 정치적 성장에는 젊은 피를 수혈하여 정치권의 면모를 새롭게 하고자 하는 도도한 시대적 흐름이 있었다. 자신의 시대를 '개혁의 시대'로 냉철히 인식한 조광조는 중종의 '파격적인' 신임을 업고 시대의 부정과 모순을 극복하는 다양한 정책들을 강력하고 급진적으로 추진해 나갈 수 있었다.

그러나 한편으로 조광조는 대책문에서 신권강화론을 강조했다. 조광조는 먼저 왕과 신하를 하늘과 계절에 비유한다.

> 군주를 하늘에, 신하를 계절에 비유해 보겠습니다. 하늘이 혼자 돌기만 하고 계절이 바뀌지 않는다면, 만물이 자라날 수 없습니다. 마찬가지로 군주가 혼자 정치의 책임을 떠맡고 대신의 도움을 받지 않는다면, 정치의 효과가 나타나지 않습니다. 하늘이 혼자 돌아가거나 군주가 혼자 책임을 진다면, 만물이 자라나지 않고 정치의 효과가 나타나지 않을뿐더러, 하늘은 하늘이 되지 못하고 군주는 군주가 되지 못할 것입니다.
>
> 「조광조의 대책문」

조광조는 여기에서 왕과 신하의 공생을 무엇보다 강조하고 있다. 이어서 "법도와 기강의 큰 줄기를 세웠다면, 이제는 대신에게 정권을 믿고 맡겨야 합니다. 군주가 홀로 정치를 할 수는 없습니다. 반드시 대신에게 맡겨야 정치의 법도가 확립되는 것입니다"라는 대목과 같이 신권의 강화를 강조하는 내용도 포함되어 있다.

조광조는 요순과 같은 성군을 만들기 위한 전제 조건으로 자신과 같은 능력 있는 신하들의 정치 참여를 은연중 강조했다. 이러한 신권강화론의 입장은 이후 중종과 조광조의 관계를 불편하게 하는 단서가 됐을 뿐만 아니라 궁극에는 조광조를 하루아침에 실각시키게 하는 계기가 된다.

03

성리학지상주의를 꿈꾼
급진적 개혁 의지

전하께서 더럽게 물든 것을
바로 씻어버려야 할 때인데
어찌하여 주저하십니까?

-「홍문관청파소격서소」, 『정암집』

　16세기 이후 성리학 이념의 사회적 구현에 주력하는 사림파가 성장하면서, 소격서 혁파는 늘 쟁점으로 떠올랐다. 조광조처럼 성리학의 근본 원리에 충실한 인물의 입장에서는 소격서의 혁파는 반드시 추진해야 할 과제였다.

　소격서는 도교에서 해와 달과 별의 신인 일월성신(日月星辰)에게 제사를 지내기 위해 설치한 관청으로, 성리학을 이념으로 건국한 조선에서는 고려 시대까지 전국에 산재해 있던 도교의 궁관(宮觀), 전당(殿堂)의 혁파를 추진했다.

　그러나 조선 건국 후에도 소격전과 대청전(大淸殿)은 그대로 존속했다. 1396년[태종 5년] 한양에 새로 소격전(昭格殿)이 조성됐으며, 삼청전도 건립되어 성신(星辰) 초제(醮祭)가 그대로 시행됐다. 세조 때인 1466년[세조 12년]에는 관제를 정비하면서 소격전의 명칭을 소격서로 고쳤다.

　조광조의 개혁 과제에서 소격서 혁파가 늘 언급되는 것은 이러한 시대적 흐름과 관련이 깊다. 아래의 글은 홍문관 부제학으로 있던 조광조가 1518년[중종 13년] 7월에 올린 상소문으로, 소격서의 혁파를 강력하게 청하고 있다.

　소격서를 설치한 것은 도교를 펴서 백성에게 사도(邪

道)를 가르치는 것인데, 기꺼이 따라 받들고 속임수에 휘말려서 밝고 밝은 의리에는 아득하고 탄망(誕妄)한 형상에는 밝습니다. 이는 실로 임금 마음의 사(邪)와 정(正)의 갈림길이요, 정치 교화의 순수하고 잡스러움의 원인이요, 상제(上帝)의 기뻐하고 성냄의 기미이니, 왕정으로서는 끊고 막아야 할 것입니다. 이 도교를 신봉하는 것이 민간에서 성행한다 하더라도 임금 된 이로서는 진실로 예를 밝히고 의리를 보여 대도를 천명하여 바른 방향으로 나아가 끝까지 정도를 보전해야 하는데, 도리어 사도를 존숭하여 관사를 두어 받들고 초제(醮祭)를 거행하여 섬기며, 마치 당연히 제향(祭享)해야 할 신처럼 공경하고, 축수와 기도가 더욱 빈번하여 음귀(陰鬼)가 간악을 빚어냅니다. 이는 곧 임금의 계책에 법이 없어서이니 아래 백성들이 어디에서 본받겠습니까? … 고려 말엽에 교화가 밝지 못하여 사람들이 이교(異教)를 믿고 그 그릇된 풍속을 답습하여 오늘날에 이르렀으니, 전하께서 더럽게 물든 것을 바로 씻어버려야 할 때인데 어찌하여 주저하십니까?

－「홍문관청파소격서소」, 『정암집』

1518년 8월 30일의 상소에서는, "신 등은 생각하건대, 일은 오래지 않아서 회복되는 것이 좋으니, 전하께서는 특별히 소격서를 혁파하시고 빨리 자신을 책하고 뉘우치는 교서를 내려서 여러 사람의 마음을 시원하게 하시고 선비의 기개를 펴도록 하신다면 국가가 심히 다행하겠습니다"라고 했고, 중종이 여전히 같은 입장을 취하자, 9월 2일에는 "비록 한 고을의 수령일지라도 한 고을의 민정(民情)에 거슬리는 것이 없어야, 한 고을의 정사를 보전할 수 있는데, 더구나 임금이 나라에 있어서 어찌 공론을 버리고 군정(群情)을 어기고 정치를 할 수 있겠습니까? 요즈음 유생이 비를 무릅쓰고 궐문 밖에 서서 봉소(封疏)를 올리는데도 듣지 않으시니, 천의(天意)가 어떠하신지 모르겠습니다. 만약 인정이 크게 어그러져서 그릇된 뒤에는 구하려 해도 되지 않을 것입니다"라면서 강경한 입장을 거듭 피력했다.

그러자, 조광조를 비롯한 대간들의 집요한 혁파 요청에 중종은 마침내 소격서의 혁파를 결정했다. 1518년 9월 3일 실록의 기록에서, 중종은 "소격서가 좌도(左道)임을 모르는 것이 아니지만, 그 유래가 오래됐으므로 혁파할 수 없다고 여겼으나, 여론이 모두 혁파하고자 하니 이에 따르겠다"는 논리로 소격서 혁파에 동의했다.

중종은 소격서의 사우를 헐지 않고 관가 소유의 건물인 공해(公廨)로 삼게 하는 등 완전 혁파에 따른 부작용을 막는 대책을 지시하기도 했지만, 실질적인 소격서 혁파에 동의했던 것이다.

이어서 중종은 "소격서의 은, 놋쇠, 사기그릇들을 호조로 하여금 성균관과 사학(四學), 독서당에 나누어 주게 하라"고 지시했는데, 이것은 소격서의 주요 기물이 성균관, 독서당 등에 넘어간 상징으로 도교의 쇠퇴와 성리학의 진흥을 상징적으로 보여준다고 할 수 있다.

중종 때 조광조의 개혁 정치의 일환으로 소격서가 혁파되기는 했지만, 이후에도 소격서가 가지는 민간에서의 긍정적인 기능은 여전히 강조됐다. 1519년 기묘사화로 조광조가 실각한 후 소격서 복설은 다시 논의되어 1525년[중종 20] 다시 설치됐다. 그러나 이후에도 성리학의 이념과 배치되는 도교의 제천 기관이었기 때문에 다시 폐지되는 등 몇 차례의 변화를 겪었다.

이황은 소격서 혁파 주장에 대해 "공[조광조]은 천품이 매우 높았으나 학력은 깊은 경지에 이르지 못한 듯하다. 그가

소격서를 없애자고 논한 한 가지 일로도 볼 수 있다"라면
서, 소격서 혁파가 조광조의 급진성에서 비롯됐음을 언급
했다.

04

조광조가 꿈꾼
인재 등용의 길

향리(鄕里)가 천거하는 일은
시대가 오래되어 다시 회복할 수 없겠지만,
만약 이와 같이 하면
대현인(大賢人)이라도 얻을 수 있을 것입니다

　　　－『중종실록』 1518년〔중종 13년〕 3월 11일

조광조는 개혁 정치를 추진하면서 무엇보다 자신과 손발이 맞는 세력을 원했다. 그러나 기존의 과거제도에 의해서는 자신이 진정 원하는 도덕성으로 무장한 인재를 찾기는 힘들었다.

중국에서도 과거제와 함께 인재 등용의 대표적인 축으로 꼽혔던 것이, 천거(薦擧)였다. 즉 능력 있는 인재를 추천하여 관직에 등용하게 하는 제도로서, 과거라는 시험 절차를 거치지 않고 인재를 뽑을 수가 있었다.

조선 왕조는 건국 직후부터 지방에 묻힌 인재의 발탁을 위해 노력했다. 이것은 한편으로 조선 전기의 정치적 소용돌이 속에서 많은 인재가 은거했기 때문이기도 했다.

조선은 건국 초부터 정치 참여를 거부하고 은거의 삶을 선택한 학자들이 있었으며, 수양대군의 집권과 단종 복위 운동, 사화(士禍) 등의 정치적 변동을 겪으면서 지방을 중심으로 현실 비판적 성향이 강한 학자층을 형성했다. 이들은 소위 '사림'으로 지칭되면서 지방 사회를 중심으로 강력한 비판 세력이 됐다.

조정의 입장에서 이러한 학자들은 지방에 숨어있는 인재 즉 유일(遺逸)로 인식됐다. '유일'이란 '유일지사(遺逸之

土)' 또는 '산림유일지사(山林遺逸之士)' 등의 준말로서 뛰어난 학문과 덕행을 지니고 있으면서도 초야에 은거하고 있는 미입사자(未入仕者)를 뜻했으며, 은일(隱逸) 또는 일민(逸民)이라고도 일컬어졌다.

정도전이 『조선경국전』에서, "선비로서 초야에 묻혀있는 사람들 중에는 혹 도덕을 지니고 있으면서도 세상에 알려지지 않거나, 혹은 재능을 품고 있으면서도 발탁되지 못한 사람도 있다. 진실로 위에 있는 사람이 정성스럽게 구하고 근면하게 찾지 않으면 그들을 나오게 하여 그들을 등용할 수 없다. 그러므로 후한 예로 부르고 높은 관작으로 대접하는 것이니 옛날의 현명한 왕들이 지치(至治)를 일으킨 것도 이러한 까닭이다"라는 주장을 한 것도 이에 부합한다고 볼 수 있다.

여전히 초야에 묻힌 '유일'들이 많았던 상황 가운데, 조광조는 경연에서 유명무실했던 천거제를 제대로 실시해야 한다는 점을 강조해 나갔다. 한나라의 현량과와 방정과(方正科)가 대표적인 모델이었고, 숨은 인재를 천거하여 논술시험에 해당하는 대책을 시험하면 덕행과 학문적 능력을 겸비한 인재를 뽑을 수 있다고 조광조는 확신했다.

아래 인용문은 조강(朝講)에서 중종과 조광조를 비롯한 신하들이 인재 등용에 관하여 의견을 주고받은 내용으로, 천거제를 기본으로 한, 현량과(賢良科) 추진의 필요성을 역설한 조광조의 모습이 잘 나타나 있다.

조광조가 아뢰기를, "이자(李耔)가 아뢴 말은 신 등이 늘 하고 싶었던 일입니다. 외방의 경우는 감사(監司)·수령(守令), 경중(京中)의 경우는 홍문관(弘文館)·육경(六卿)·대간(臺諫)이 모두 재행(才行)이 있어 임용할 만한 사람을 천거하여, 대정(大庭)에 모아 놓고 친히 대책(對策)하게 한다면 인물을 많이 얻을 수 있을 것입니다. 이는 조종이 하지 않았던 일이요, 한(漢)나라의 현량과(賢良科)·방정과(方正科)의 뜻을 이은 것입니다. 덕행(德行)은 여러 사람이 천거하는 바이므로 반드시 헛되거나 그릇되는 것이 없을 것이요, 또 대책에서 그가 하려고 하는 방법을 알게 될 것이요, 두 가지가 모두 손실이 없을 것입니다" 하니 … "우리나라는 땅덩어리가 작아 인물이 본래 적은 데다가 또 서얼(庶孼)과 사천(私賤)을 분별하여, 쓰지 않습니다. 중원에서는 귀천(貴賤)을 가리지 않고 오직 골고루 쓰지 못함을 걱정하거늘 하물며 작은 우리나라이겠습니까? 향리(鄕里)가 천거하는 일은 시대가 오래되어 다시 회복할 수 없겠지만, 만약 이와 같이 하면 대현인(大賢人)이라도 얻을 수 있을 것입니다" 했다.

- 『중종실록』 1518년[중종 13년] 3월 11일

조광조는 서얼과 사천(私賤)을 등용하지 않아서 그렇지 않아도 인재 등용의 폭이 좁은 현실에서 유일 등용은 꼭 필요한 정책임을 역설했다. 조광조의 천거제 실시에 대해 영의정 정광필은 천거제가 과거제를 대체할 수 없다면서 반대 의견을 분명히 개진하면서, 조정은 과거제와 천거제 양론이 팽팽하게 맞섰다.

이에 좌의정 신용개, 우찬성 안당 등은 절충안, 즉 천거제에 따르는 부작용을 막기 위하여 천거의 방법과 절차를 매우 정밀하게 할 것을 제시했다.

조광조가 추진한 천거제에 가장 강하게 반발한 인물은 이조판서 남곤이었다. 남곤은 천거를 하는 추천자에 대한 검증도 필요하며, 무엇보다 과거제가 잘 시행되고 있는 마당에 천거제를 하는 것은 문제가 있다는 점을 강조했다.

조광조는 자신이 주장하는 천거제는 과거제를 대체하는 것이 아니라, 병행하는 것으로서, 성균관 유생 가운데 천거제에 떨어져도 기존의 정기 과거시험인 식년시에 응할 수 있다고 강조했다.

조광조에 대한 중종의 강한 신임이 있었기에, 1518년 중종은 천거제를 시행하기 위한 절목 마련을 지시했다. 6월 5일에는 중종의 지시에 의해 마련된 천거제의 기본안이 마련된다.

재행(才行)이 겸비하여 쓸만한 사람을 중앙과 지방에서 명(名)과 실(實)을 잘 살피어 추천을 하는데, 성균관에서 이를 관장하여 예조에 전보(轉報)한다. 중추부(中樞府)와 육조, 한성부, 홍문관에서 역시 인재를 천거하여 예조에 이문(移文)하게 한다. 지방에서는 유향소가 본읍 수령에게 추천하고, 수령은 이를 관찰사에게 보고하고, 관찰사는 다시 심사하여 예조에 이문하게 한다. 예조에서는 서울과 지방에서 천거한 인재를 모두 합해서 성명과 행실을 적어 의정부에 보고하여 아뢴

다. 천거자의 이름도 적어 잘못을 막는 것이었다.

조광조의 개혁 정치의 일환으로 추진된 천거제에 대한 반대도 이어졌다. 1519년 2월 11일에는 건춘문에 익명의 서한을 매단 화살이 발견되는 사건도 일어났다. 현량과 실시에 반대하는 세력들이 주도한 사건으로 파악됐다. 3월에는 서얼로서 정국공신이 된 강윤희(康允禧)가 같은 정국공신인 김우증(金友曾)의 고변을 알리는 사건이 일어났다.

김우증은 "현량과 출신이 조정을 장악하면 정국공신을 다 제거할 것이며 그 전에 먼저 그들을 제거하자고 제의했다"라는 것이었다. 강윤희의 고변 사건은 그만큼 현량과 실시에 반발하는 세력이 존재했음을 보여준다.

이러한 반발에도 불구하고 1519년 4월 13일 우리 역사에서 최초이자 마지막 현량과가 실시됐다. 중종은 경복궁 근정전에 나아가 친히 문제를 출제했다.

응시자는 모두 120명이었으며, 1차로 58명을 선발했고, 최종 28명이 합격했다. 김식(金湜), 김정(金淨) 등 합격자 28명은 모두 조광조의 당여(黨與)로 파악된 인물로서, 1519년 11월의 기묘사화 때 숙청을 맞이하게 된다.

현량과 급제자를 정치의 파트너로 삼아, 조광조는 자신이 구상한 개혁 정치를 더욱 강하게 밀어붙일 수 있는 기반을 마련했다. 그러나 역설적이게도 현량과의 추진은 조광조가 정치적으로 세력화되는 것을 반대하는 세력들을 결집시키는 계기가 됐고, 결국은 조광조의 몰락을 재촉하는 원인이 됐다.

05

개혁이 초래한
조광조의 몰락

정국공신은 이미 십 년이 지난 오래된 일이지만
허위가 많았습니다. …
이제 쾌히 결단을 내리지 못하시면
어떻게 중지할 수 있겠습니까?

— 『중종실록』 1519년〔중종 13년〕 10월 25일

소격서 혁파, 향약의 실시에 이어 현량과까지 추진하면
서 개혁 정치에 탄력을 받은 조광조는 중종이 자신을 절대
적으로 신임한다고 판단했다. 개혁 추진에 자신감을 얻는
조광조는 드디어 기득권 세력에게 치명적인 타격을 주는
조치를 취했다.

1519년 10월 25일 대사헌으로 있던 조광조는 정국공신
(靖國功臣)의 전면적인 개정을 요구하고 나섰다. '나라를 바
로 잡은 공신'을 뜻하는 정국공신은 1506년[중종 1년] 중종
반정에 공을 세워 공신으로 책봉된 사람들로서, 연산군을
몰아내고 반정으로 즉위한 중종 집권의 정당성을 상징하
는 그 자체였다.

조선 왕조는 건국 과정에서부터 공신 책봉을 단행했고,
왕의 즉위나 역모 사건 진압 등 주요한 사건이 마무리된 후
공신을 책봉하여 왕에게 충성을 유도하는 장치로 삼았다.

태조 대의 개국(開國) 공신[52명], 태종 대 1차 왕자의 난
종료 후의 정사(定社) 공신[29명], 태종 즉위 후의 좌명(佐命)
공신[46명], 1453년[단종 1년] 계유정난 이후 단행된 정난
(靖難) 공신[43명], 세조가 왕위에 오른 후의 좌익(佐翼) 공신
[46명], 세조 대 이시애의 난 평정 이후의 적개(敵愾) 공신[45

명], 예종 즉위 후의 익대(翊戴) 공신(39명), 성종 즉위 후의 좌리(佐理) 공신[75명] 등 성종 대까지 총 8번의 공신 책봉이 이루어졌다.

그런데 중종 대에 단행된 정국공신 책봉은 일단 그 숫자가 120여 명으로 가장 많았다. 많은 숫자만큼 공이 없으면서도 친인척이거나 정치에 줄을 잘 대서 공신이 된 인물이 많았다. 조광조는 정국공신 2등과 3등 중에 개정될 인물이 많으며, 4등 50명 대부분은 공이 없으면서도 공신에 올랐다고 주장한 것이다.

> 정국공신은 이미 십 년이 지난 오래된 일이지만 허위가 많았습니다. 성희안은 그리 용렬한 자는 아니나 그 기량이 원대하지 않으니 큰 공이 있기는 하나 그 인물은 칭찬할 것이 없습니다. 박원종(朴元宗)은 순직(純直)한 사람입니다. 이런 사람들은 그러지 않았으나 공신의 기록을 유자광이 홀로 맡아서 했으므로 이렇게까지 외람했습니다. … 강혼(姜渾)은 지극히 간사한 사람인데 문장으로 세상에 빌붙었습니다. 유순(柳洵)은 반정 때에 어쩔 줄 몰라 했던 꼴 때문에 이제껏 사람들이

다 웃습니다. 구수영(具壽永)은 죽어도 남는 죄가 있는
데도 오히려 공을 누릴 수 있었으니 무슨 까닭입니까?
권균(權鈞) 등은 다 도성 문밖에 있으면서 공을 얻었습
니다. 이제 쾌히 결단을 내리지 못하시면 어떻게 중지
할 수 있겠습니까?

－『중종실록』1519년[중종 13년] 10월 25일.

중종은 조광조의 면대에 응하면서도, "공이 있는지 없는
지는 모르겠으나, 작은 공이라도 이미 공을 정하고서 뒤에
개정하는 것은 매우 옳지 않다. 이익의 근원을 막아야 한다
고 논한 일은 번번이 경연에서 아뢰었는데, 그 뜻은 매우
착하나 이익의 근원은 차차 막아 가야 한다. 어찌하여 갑자
기 이것으로 이익의 근원을 막을 수 있겠는가?"라면서 공
신 개정에 대해 반대의 뜻을 피력했다.

그러나 이미 조광조 세력이 포진해 있던 승정원이나 홍
문관, 사간원에서는 공신 개정을 거듭 요구했고, 자신들의
주장이 받아들여지지 않자, 전원 사직을 요청하는 강수를
두었다. 중종이 계속 답을 피하자, 의정부, 육조, 한성부, 홍
문관 가리지 않고 거듭 공신 개정의 일을 논했다.

일단 중종은 절충안을 제시하는 것으로 후퇴했고, 한번 불붙은 공신 개정 논의는 이어졌다. 1519년 11월 8일 중종이 의정부, 육조의 당상과 판윤(判尹) 및 사헌부, 사간원, 홍문관의 장관(長官)을 인견한 자리에서, 신하들을 대표하여 안당(安瑭) 등이 다시 공신 개정의 불가피성을 건의하자, 중종은 "70여 인을 어찌 죄다 개정할 수 있겠는가? 그중에서 공의(公議)가 시끄러운 자라면 개정해도 되겠다"라고 하면서 공신 일부의 개정만을 허락했다.

그러면서도 중종은 거론된 공신에 대한 미련을 버리지 않았다. 한 명 한 명의 이름에 황표를 붙여가며, 반정에 공이 있다고 이들을 옹호했지만, 조광조는 초피(貂皮)로 뇌물을 써서 공신이 된 자도 5~6인이 있다면서 공신 개정의 근거들을 제시해 나갔다.

중종은 노기(怒氣)를 띠면서 자기 뜻은 "뚜렷이 드러난 자를 개정하고자 한다"라고 거듭 밝혔다. 중종과 개혁파 신하 간의 힘겨루기 끝에 1519년 11월 11일 정국공신에서 빼야 할 인물들 명단이 최종 발표됐다.

정국공신 중 상당수가 문제가 있는 인물임을 공표해야만 하는 것은 반정으로 즉위한 중종으로서는 매우 난감한 일이었다. 왕으로서의 정통성 문제까지 제기될 수 있는 상황과 맞닥뜨려야 했기 때문이다. 중종은 버틸 때까지 버티었지만 다수 신하의 요구에 굴복하는 꼴이 됐다. 이날이 11월 11일로, 기묘사화가 일어나기 꼭 4일 전이었다.

중종의 결단 속에 바로 잡을 공신의 명단이 발표됐다. 운수군 이효성(雲水君 李孝誠), 유순(柳洵), 김수동(金壽童), 김감(金勘), 운산군 이계(雲山君 李誡), 이계남(李季男), 구수영(具壽永), 덕진군 이활(德津君 李濊), 장온(張溫), 이석번(李碩蕃), 신준(申浚), 정미수(鄭眉壽), 박건(朴楗), 송질(宋軼), 강혼(姜渾), 한순(韓恂) 등 76명이었다.

정국공신의 숫자 120명을 고려하면 76명은 거의 전체 숫자 3분의 2에 달했다. 대부분의 공신의 자격이 박탈하는 것은 왕으로서 중종의 정통성에도 치명타를 가하는 조처였다. 신권의 대변자였던 조광조의 승리는 중종의 왕권에 깊은 그림자를 드리우는 조치였다.

조광조 세력이 개혁의 완성으로 파악했던 정국공신 개정은, 개정을 강하게 반대했던 중종과의 줄다리기 끝에 그 결실을 보았다. 그러나 4일 후 중종의 엄청난 역습이 전개될 줄을 조광조는 전혀 예상하지 못하고 있었다.

조광조가 10월 25일 정국공신 개정을 본격 건의한 날로 보면 16일 만에 얻은 개혁파의 승리였지만, 중종은 정국공신 개정을 지시한 날부터 이들의 제거를 구상하고 있었고, 1519년 11월 15일 권력의 최고 정점에서 체포됐다.

이것이 중종의 주도로 조광조 세력이 숙청당한 기묘사화의 시작이었다. 조광조가 주도한 정국공신 개정은 일시적으로 왕권에 대한 신권의 승리로 보였으나, 궁극에는 조광조의 몰락을 초래하는 부메랑으로 다가왔다.

PART 3

조식

실천하는
선비정신

조식 曺植 1501~1572

　조선 전기의 성리학자. 같은 해에 태어난 이황과 영남학파의 양대 산맥으로 지칭되면서, '좌퇴계 우남명'으로 불렸다. 어려서부터 학문 연구에 열중하여 천문, 역학, 지리, 그림, 의약, 군사 등에 두루 재주가 뛰어났다.

　아버지와 숙부가 문과에 급제했지만 사림파적인 성향을 가지고 있어 많은 영향을 받았으며, 기묘사화 때 조광조가 사약을 받고, 을사사화 때 많은 벗들이 희생을 당하는 현실을 목격해 그런 성향은 더욱 짙어졌다. 경상도 합천에서 출생했지만, 어린 시절부터 30세까지 한양을 비롯한 부친의 임지에서 생활하며 세상을 보는 안목을 넓혔고, 후에 명사가 된 인물들과 교제했다. 30세부터 48세까지는 처가가 있는 김해에서 생활하고, 48세에서 61세까지 합천, 61세부터 생을 마감하는 72세까지 산청 산천재에서 생활하면서 경상우도(경상남도)를 대표하는 학자로 남았다.

　이황과 더불어 당대 유교 사상을 영도했던 인물로, 무엇보다 성리학의 실천 문제에 골몰했다. 유일(遺逸)로서 여러 차례 관직이 내려졌으나 한 번도 취임하지 않았고, 평생을 처사로 자임하며 후학을 양성했다. 출사하지는 않았지만 현실의 문제점에 대해 과감하게 비판하는 실천하는 지성의 모습을 보여주었으며, 그의 문하에서는 임진왜란의 시기에 가장 많은 의병장들이 배출됐다.

01

시대에 경종을 울린
비판적 지식인

간신을 벌하면서도
나라를 좀먹는 간악한 서리들을 용납하니,
현명한 이들치고 어리석지 않은 이가 없으니
근심스러운 상황에서도 즐겁게 살아갑니다.
이는 어찌 사람의 꾀가 미치지 않아서이겠습니까.
아니면 하늘이 명한 바가 있는데,
사람이 능히 하늘의 명을 견디지 못해서
그런 것이겠습니까.

— 「을묘사직소」, 『남명집』

조식은 16세기 당대에 강력한 카리스마를 지닌 지식인이었다. 재야에 묻혀있으면서도 현실 정치에 문제점이 노정될 때마다 직언을 서슴지 않았고, 경과 의를 실천하며 제자들에게도 그 가르침이 이어지게 했다. 조식은 우뚝 솟은 지리산 천왕봉의 기상처럼 진정한 선비란 무엇인가를 몸소 보여준 인물이었다.

남명(南冥) 조식이 살아간 시대는 성리학을 기반으로 한 선비인 사림들이 숙청당한 사화(士禍)의 시기였다. 50년간 지속된 사화로 말미암아 지방에서 학문적, 사회적 기반을 바탕으로 중앙 정계 진출을 모색하던 사림파는 훈구파의 반격을 받아 좌절을 경험했다.

1545년[인종 1년] 을사사화 이후 사화의 끝이 보이는 듯했으나, 명종의 즉위와 문정왕후, 윤원형으로 이어지는 외척정치의 횡행은 국가의 기강 문란과 왕실 친인척을 비롯한 권세가들의 정치 독점을 가속화했다.

조식은 이런 현실에서 선비가 서야 할 길은 비판의 목소리를 있는 그대로 전달하는 것으로 여겼다. 국왕에게 불경한 표현이 될지언정 현실을 바로 지적해 주는 것이 선비의 몫이라 판단했다.

조식은 무엇보다 학문에 있어서 수양과 실천의 중요성을 강조했는데, 그중 경(敬)과 의(義)는 바로 조식 사상의 핵심이다. 조식은 '경'을 통한 수양을 바탕으로, 외부의 모순에 대해 과감하게 실천하는 개념인 '의'를 신념화했다. 경의 상징으로 성성자(惺惺子)[항상 깨어있음]라는 방울을, 의의 상징으로는 칼을 찬 유학자였다.

조식은 젊은 시절부터 제자백가의 여러 학문에 두루 관심을 가졌다. 특히 당시에는 금기시되던 노자나 장자의 문장도 공부했다. '남명'이라는 호는 『장자』의 「소요유」편에서 인용한 것으로 조식이 성리학뿐 아니라 노장 사상에도 깊이 빠졌음을 보여준다.

조식은 어린 시절 부친의 임지를 따라 서울의 장의동 근처에서 살았다. 30세에서 48세까지는 처가인 김해, 48세에서 61세까지는 합천에서 생활했다. 김해, 합천, 진주로 이어지는 경상우도 지역은 남명 학문의 산실이었다.

조식은 61세가 되던 해에 외가인 합천을 떠나 지리산이 보이는 산천재에 마지막 학문의 터전을 잡았다. 여기서 '산천'이란 산속에 있는 하늘의 형상을 본받아 군자가 강건하고 독실하게 스스로를 빛냄으로써 날로 그 덕을 새롭게 한다는 뜻이다. 지리산은 조식이 가장 닮고 싶었던 산이었다.

조식은 김해, 합천, 산청, 지리산 일대를 중심으로 하는 경상우도를 학문의 중심지로 삼으면서 안동과 예안을 학문의 무대로 삼은 이황과 함께 당대에는 물론이고 조선 후기까지 이황과 함께 영남학파를 대표하는 양대 산맥으로 알려졌다.

그러나 1623년[인조 1년] 인조반정으로 서인이 정권을 잡고, 조식의 수제자이자 북인의 핵심인 정인홍이 처형되면서 조식에 대한 평가도 절하됐다. 그렇게 조식은 조선 후기 이후 역사 속에서 잠시 잊혔다. 그러나 현대에 이르러 그에 관한 연구가 이루어지면서 그 이름이 조선의 선비상을 대표하는 인물로서 우리에게 다가서고 있다.

여러 사회 문제로 혼란한 지금, 냉철한 지성과 함께 조식이 가슴속에 품었던 그 칼을 다시 빌려와야 하지 않을까.

02

비판으로 드러난,
실천의 의지

전하께서는 어리시어
다만 선왕의 외로운 후계자(孤嗣)이실 뿐이니,
천 가지 백 가지의 천재(天災)와
억만 갈래의 인심을 무엇으로 감당하며
무엇으로 수습하시겠습니까?

– 「을묘사직소」, 『남명집』

남명 조식은 조선 사회에서 성리학이 본격적으로 사회에 정착해 가는 시기인 16세기를 살아간 학자이다. 조선의 건국 이념으로 수용된 성리학에 대한 이론적 탐구도 심화되는 시기였다. 그러나 이 시기 조식은 이론보다는 성리학을 구체적으로 실천하는 것에 학문의 목표를 두었다.

수양 개념인 경(敬)과 함께 실천 행위인 의(義)를 학문의 신조로 삼고, 경의 상징으로 방울을 의의 상징으로 칼을 차고 다닌 것은 실천을 중시한 학자 조식의 모습을 잘 대변해 준다.

조식은 무엇보다 학문에 있어서 수양과 실천의 중요성을 강조했다. 경(敬)과 의(義)는 바로 남명 사상의 핵심이다. 남명은 '경'을 통한 수양을 바탕으로, 외부의 모순에 대해 과감하게 실천하는 개념인 '의'를 신념화했다.

경의 상징으로 성성자(惺惺子)[항상 깨어있음]라는 방울을, 의의 상징으로는 칼을 찼으며, 칼에는 '내명자경 외단자의(內明者敬 外斷者義) [안으로 자신을 밝히는 것은 경이요 밖으로 과감히 결단하는 것은 의이다]라고 새겨 놓았다.

방울과 칼을 찬 선비 학자. 언뜻 연상되기 힘든 캐릭터이지만, 남명은 이러한 모습을 실천해 나갔다. 조정에 잘못이 있을 때마다 상소문을 통해 과감하게 문제점을 지적하고, 왜구의 침략에 대비하여 후학들에게는 강경한 대왜관을 심어주었다.

1592년[선조 25년] 임진왜란 때 정인홍, 곽재우, 김면, 조종도 등 남명 문하에서 가장 많은 의병장이 배출된 것도 남명의 가르침이 결코 헛되지 않았음을 보여주는 것이다.

조식이 실천하는 지성으로서의 면모를 가장 잘 보여주고 있는 것은 1555년[명종 10년] 단성현감을 제수받은 후에 올린 조식의 사직 상소문이다. 조식은 먼저 "문장은 과거 시험 끝자리에 뽑힐 수 없고 행실은 물 뿌리고 비질하는 일을 제대로 해내기에 모자랍니다"면서 자신을 겸손하게 표현한 후에 작심 발언을 쏟아내었다.

"물 뿌리고 비질하는 일"은 『소학』에서 실천과 관련되어 강조되는 내용으로, 성리학의 실천 사상을 무엇보다 중요시한 조식의 입지가 잘 드러나 있다. 이 상소문의 핵심 내용은 명종 시대 당시의 위기의식을 재야 선비의 눈으로 날카롭게 지적한 부분이다.

비유하면 큰 나무가 백 년 동안 벌레가 속을 먹어 진액이 이미 말라 버렸는데 회오리바람과 사나운 비가 어느 때에 닥쳐올지 까마득하게 알지 못하는 것과 같으니 이 지경에 이른 지가 오래됩니다. … 게다가 궁궐 안의 신하는 후원하는 세력 심기를 용이 못에서 끌어들이는 듯하고 궁궐 밖의 신하는 백성 벗기기를 이리가 들판에서 날뛰듯 합니다. 그들은 가죽이 다 해어지면 털도 붙어 있을 데가 없다는 것을 알지 못합니다. 자전(慈殿)[문정왕후]께서는 생각이 깊으시기는 하나 깊숙한 궁중의 한 과부에 지나지 않고, 전하께서는 어리시어 선왕의 외로운 후계자[고사(孤嗣)]이실 뿐이니, 천 가지 백 가지의 천재(天災)와 억만 갈래의 인심을 무엇으로 감당하며 무엇으로 수습하시겠습니까?

-「을묘사직소」『남명집』

조식은 나라의 상황을 빗대어, "비유하면 큰 나무가 백 년 동안 벌레가 속을 먹어 진액이 이미 말라버렸는데, 회오리바람과 사나운 비가 어느 때에 닥쳐올지 까마득하게 알지 못하는 것과 같다"라고 한 것이다.

특히 어린 명종을 대신하여 실질적인 권력자가 된 문정

왕후를 과부로, 명종을 외로운 후계자인 고사(孤嗣)로 표현했다. 문정왕후의 수렴청정과 이에 파생되는 외척정치의 문제점을 직선적으로 비판한 것이었다.

말 한마디로 목숨을 날릴 수 있는 절대군주 앞에서 벼슬을 하지 않고 은둔하는 선비인 일개 처사(處士)에 불과했던 조식은 당당하게 정치 현실을 비판했다. 성리학을 공부한 학자라면 사회 모순을 직접 제기할 수 있는 비판 의식이 있어야 한다고 판단했기 때문이었다.

당시 이 상소문으로 조정은 발칵 뒤집혔다. '군주에게 불경을 범했다'는 이유로 남명을 처벌하자는 주장도 제기됐지만, 상당수의 대신이나 사관들은 '조식이 초야에 묻힌 선비여서 표현이 적절하지 못한 것이지 그 우국충정은 높이 살 만하다'거나, '조식에게 죄를 주면 언로가 막힌다'는 논리로 조식을 적극 변호함으로써 파문은 가라앉을 수 있었다. 이렇듯 정치의 문제점을 날카롭게 지적한 재야 선비의 발언을 존중한 당시의 분위기는 첨예하게 대립하는 오늘날의 정치에서도 주목할 만하다.

03

바위와도 같은
백성의 힘

백성이 물 같다 함은 예로부터 있는 말이다.
백성이 임금을 받들기도 하지만
나라를 뒤엎기도 한다.

– 「민암부」, 『남명집』

「민암부」는 현실 정치의 모순을 지적하고 그것을 극복할 수 있는 힘을 백성인 민(民)에서 찾은 글로서 조식의 적극적인 대민인식이 드러난다. 조식의 민에 대한 인식은 조선 건국의 설계자 정도전의 민본사상과 굉장히 유사한 일면이 있다.

정도전은 "대저 군주는 국가에 의존하고 국가는 민에 의존한다. 그러므로 민은 국가의 근본인 동시에 군주의 하늘이다."라는 표현 등을 통하여 자신의 민본사상을 정립했다.

정도전과 조식의 민본사상은 시대와 조건은 달리하지만, 현실 상황에 대한 적극적인 개혁책의 일환으로 적극적, 급진적으로 제기됐다는 점에서 공통성을 갖는다.

정도전의 민본사상이 고려 말기에 부패하고 타락한 관료 지배층의 학정 밑에서 신음하던 백성의 처지를 동경하고, 그들의 지위를 높여 주려는 현실적인 개혁 의지에서 출발해 혁명 사상으로까지 연결됐다면, 남명의 민본사상 또한 역사상 줄곧 수단으로만 취급당한 민에 대해 그 주체적 지위를 인정하고, 민을 기반으로 하여 척신 세력이나 부패한 관리를 추방하자는, 공도론(公道論)을 무기로 등장하는 사림의 입지를 넓히는 사상을 내포했다고 볼 수 있다.

조식은 먼저 백성을 물에 비유하고 임금을 배에 비유하여 물이 배를 순항하게 할 수도 있고 빠뜨릴 수도 있다는 것을 암시하고 있는데, 임금을 추대하고 갈아치우는 힘을 민에게서 찾은 것은 당시로서는 상당히 적극적인 대민인식이라고 볼 수 있다.

백성이 물 같다 함은 예로부터 있는 말이다. 백성이 임금을 받들기도 하지만 나라를 뒤엎기도 한다. 내 진실로 알고 가히 볼 수 있는 것은 물이라. 험함이 밖에 있는 것은 친압하기 어렵지만 가히 볼 수 없는 것은 마음이라. 험함이 안에 있는 것은 쉽게 천대한다. 걷기에 평지보다 편안한 곳이 없지만, 맨발로 다니면서 살피지 않으면 쉽게 다친다. 거처하기에 이부자리보다 편안한 것이 없지만 뾰족함을 두려워하지 않으면 눈을 다친다. 화(禍)는 실로 소홀함에서 연유하는 것이니 바위는 계곡에서 생기는 것이 아니다.

-「민암부」,『남명집』

이어서 조식은 배를 뒤덮을 수 있는 백성의 바위가 생기는 원인을 당시의 현실 속에서 찾고 있다. 궁실이 광대함, 여알이 성행함, 세금이 과중함, 사치의 도가 없음, 가렴주구의 성행, 형벌의 자행 등의 6가지가 그것이다. 조식은 나아가 정치가 백성의 어려움을 해결해 줄 수 없을 때 백성의 바위가 험해진다는 점을 지적하고, 민심은 임금의 덕치에 달렸음을 강조한다.

궁실이 넓고 큼은 암험(巖險)함의 시작이요, 여알(女謁)이 성행함은 암험의 계단이요, 세금을 거두어 들임은 암험함을 쌓음이요, 도에 넘치는 사치는 암험을 일으켜 세움이요, 부극(掊克)[재물 수탈에 혈안이 된 사람]이 자리를 차지함은 암험으로 치닫는 길이요, 형벌을 자행함은 암험을 돌이킬 수 없게 함이다. 비록 그 암험함이 백성에게 있다지만, 어찌 임금의 덕에서 말미암지 않겠는가? … 나로 말미암아 편안하기도 하고, 나로 말미암아 위태롭기도 하니, 백성을 암험하다 말하지 말라. 백성은 암험하지 않느니라

－「민암부」, 『남명집』

조식이 정치를 어지럽히는 여자를 뜻하는 '여알'이라는 표현을 사용한 것은 당시 명종의 어머니 문정왕후의 수렴청정이 원인이 되어 파생되는 외척정치의 문제점을 가장 근원적인 점을 부각시킨 것이다. 외척정치의 문제점은 관리의 부패와 세금의 과중으로 나타나 궁극에는 민에게 미친다는 점을 '민암'이라는 표현으로 하고 있는 것이다.

그리고 이러한 현실 정치의 잘못은 백성의 바위를 더욱 공고하게 하여 결국에는 나라를 뒤집는 원인이 됨을 경고했다. 이 글의 마지막 부분에서는 "막왈민암 민불암의(莫曰民巖 民不巖矣)[백성을 바위라 말하지 말라 백성은 바위가 아니다]"라고 표현하여 덕치가 행해지면 백성들은 결코 국가 운영에 부담이 되지 않는 존재임을 거듭 강조했다.

이 글에서는 주요 경전이 두루 인용되고 있는데, 원래 '민암(民巖)'이라는 말은『서경(書經)』의 "고외우민암(顧畏于民巖)[백성의 암험함을 돌아보고 두려워하십시오]"라는 말에서 비롯된 용어이며, '대군(戴君)'과 '복국(覆國)'의 논리는『순자(荀子)』「왕제(王制)」에 나온 "군자주야 서인자수야 수즉대주 수즉복주(君者舟也 庶人者水也 水則戴舟 水則覆舟)[임금은 배요, 백성은 물이다. 물은 배를 떠받치기도 하고, 물은 배를 뒤집기도 한다]"

라는 표현과도 흡사하다.

이외에 이 글에 나오는 "천시청지재차(天視聽之在此)[하늘이 보고 듣는 것은 이 백성에게 있다네]"라는 표현은 『맹자』 「만장장(萬章章)」에 나오는 "천시자아민시 천청자아민청(天視自我民視 天聽自我民廳)[하늘의 보심은 우리 백성이 보는 것을 따르고 하늘의 들으심은 우리 백성이 듣는 것을 따른다]"이라는 내용과 유사함을 보인다. 이처럼 조식은 백성들의 힘을 중시한 각종 경전을 광범하게 인용하여 자신의 견해를 집약해 나갔다.

04

퇴계에게 건네는
실천의 편지

요즘 공부하는 자들을 보건대
손으로 물 뿌리고 비질하는 절도도 모르면서
입으로는 천리(天理)를 말하여,
헛된 이름이나 훔쳐서 남들을 속이려 합니다.…
아마도 선생 같은 어르신이
꾸짖어 그만두게 하시지 않기 때문입니다.

－「퇴계에게 드리는 편지」, 『남명집』

대개 조선을 대표하는 학자 이황(李滉)[1501~1570]의 학문적 라이벌 하면 율곡 이이(李珥)[1536~1584]를 손꼽는 경우가 많지만, 이이는 이황과는 35년 차이가 나는 학문적 후배였다. 이황의 진정한 라이벌은 조식이었다.

조식은 이황과 동년인 1501년[연산군 7년]에 태어나 조선 시대 내내 영남학파의 양대 산맥으로 우뚝 섰다. 이황의 근거지 안동, 예안은 경상좌도, 조식 근거지 합천, 산청은 경상우도의 중심지였다. 조선 시대에는 왕이 경상도 지역을 보는 것을 기준으로 삼아, 낙동강을 경계로 좌측은 경상좌도, 우측은 경상우도로 칭했다. 그리고 '좌퇴계 우남명'이라 하여, 두 사람을 이 지역 학문의 대표자로 인정한 것이다.

이황은 온화하고 포근한 청량산을 닮았고 조식은 우뚝 솟은 기상의 지리산을 닮아 갔다. 둘은 기질과 학풍, 현실관 등에서 분명한 차이를 드러내 이들이 생존하던 시절부터 종종 비교의 대상이 되곤 했다.

선조 대에 윤승훈은 이황의 학풍을 이은 상도(上道)[경상좌도])는 학문으로서 인(仁)을 숭상하고, 조식의 학풍을 계승한 하도(下道)[경상우도]는 절의(節義)로서 의(義)를 숭상한다고 했다. 조선 후기의 실학자 이익(李瀷)도 조식과 이황을 영남학파의 양대 산맥으로 규정하면서, "상도(上道)는 인(仁)을 숭상하고 하도(下道)는 의(義)를 주로 하며, 이황의 학문이 바다처럼 넓다면 조식 기질은 태산처럼 높다"고 두 사람을 평가했다.

조식은 경(敬)과 의(義)를 학문의 요체로 삼으면서 실천을 중시한 유학자였다. 성성자(惺惺子)라는 방울을 지니고 칼을 찬 모습 하며, 과격하고 직선적인 언어로 현실을 비판하는 상소문을 올리는 모습이 그를 특징짓는다.

두 사람은 몇 차례의 편지에서 건강과 안부를 물으면서도 서로가 하고 싶은 비판도 빼놓지 않았다. 조식의 입장에서 보면 이황의 온건한 이론 중심의 성리학은 비판의 대상일 수밖에 없었다. 이황 역시 조식에 대해 "신기한 것을 좋아하고 노장사상을 숭상한다"는 뼈 있는 비판을 가했다. 조식이 이황에게 보낸 편지 내용은 다음과 같다.

하늘에 있는 북두성처럼 평소 우러러보았고, 책 속에 있는 성현처럼 까마득히 만나기 어렵다고 생각했습니다. 그런데 문득 간절한 뜻으로 깨우쳐 주신 편지를 받고 보니, 저의 병통을 다스릴 약이 될 말씀이 넓고도 많아 아침저녁으로 만나던 사이 같았습니다. 식[조식]과 같이 어리석은 사람이 어찌 자신을 아끼는 것이 있겠습니까? 단지 헛된 이름을 얻음으로써 성명에까지 잘못 알려지게 된 것입니다. … 다만 생각건대 공은 서각(犀角)[물소의 뿔]을 태우는 듯한 명철함이 있지만, 식은 동이를 이고 있는 듯한 탄식이 있습니다. 그런데 오히려 아름다운 문장이 있는 곳에서 가르침을 받을 길이 없군요. 게다가 눈병까지 있어서 앞이 흐릿하여 사물을 제대로 보지 못한 지가 여러 해 됐습니다. 밝으신 공께서 발운산(發雲散)으로 눈을 밝게 열어주시지 않겠습니까? 삼가 헤아려 주시기 바랍니다.

-「퇴계에게 답하는 편지」, 『남명집』

1553년[명종 8년] 조식이 보낸 이 편지에서 조식은 "밝은 눈을 가진 공께서 발운산(撥雲散)으로 눈을 밝게 열어 주시지 않겠습니까?"라 하여 퇴계의 명철함을 칭찬하는 듯한 표현을 썼다.

그러나 말미에 쓴 "발운산으로 눈을 밝게 열어 주라"는 글에는 가시가 박혀 있다. 발운산은 원래 눈앞의 흐릿한 것을 제거해 주는 안약(眼藥)이다. 조식은 조정에 척신(戚臣)들이 횡행하는 어두운 현실을 지적하고 이황에게 한자 뜻 그대로 '흐린 구름을 제거하는' 발운산의 역할을 제대로 해줄 것을 당부했던 것이다.

이에 이황은 다시 편지를 보낸다. "발운산을 찾아 달라고 하신 말씀은 감히 힘쓰고자 하지 않으리요 마는 나는 다만 스스로 당귀(當歸)를 찾되 능히 얻지 못하니 어찌 공을 위하여 발운산을 얻을 수 있겠습니까"라고 하며 자신도 마땅히 고향으로 돌아가고 싶지만 어쩔 수가 없다는 식으로 입장을 설명한다.

조식은 당시 이황과 기대승 등에 의해 주도되고 있었던 성리학 이론 논쟁에 대해서도 깊은 비판 의식을 가지고 있었다. 그에 관해 조식이 이황에게 보낸 또 다른 편지를 보자.

평생 마음으로 사귀면서 지금까지 한 번도 만나질 못했습니다. 앞으로 이 세상에 머물 날도 얼마 남지 않았으니, 결국 정신적 사귐으로 끝나고 마는 것인가요? 인간의 세상사에 좋지 않은 일이 많지만, 어느 것 하나 마음에 걸릴 것이 없는데, 유독 이 점이 제일 하스러운 일입니다. … 요즘 공부하는 자들을 보건대 손으로 물 뿌리고 비질하는 절도도 모르면서 입으로는 천리(天理)를 말하여, 헛된 이름이나 훔쳐서 남들을 속이려 합니다. 그러나 도리어 남에게 상처를 입게 되고, 그 피해가 다른 사람에게까지 미치니, 아마도 선생 같은 어르신이 꾸짖어 그만두게 하시지 않기 때문입니다. … 십분 억제하고 타이르심이 어떻습니까?

-「퇴계에게 드리는 편지」,『남명집』

"요즘 공부하는 자들을 보건대 손으로 물 뿌리고 비질하는 절도도 모르면서 입으로는 천리(天理)를 말하여, 헛된 이름이나 훔쳐서 남들을 속이려 합니다."라는 문장에는 성리학의 실천보다는 이론을 지나치게 중시하는 이황의 학문적 입장에 대한 조식의 강한 비판이 담겨 있다. 입으로만 천리를 말하는 것을 '도명기세(盜名欺世)[이름을 도둑질하여 세상을 속임]'라고 한 것에서 조식의 직선적인 기질도 볼 수가 있다.

조식은 이황과의 편지를 통해서 현실 정치의 모순을 제거해 주는 장로로서의 역할을 당부했으며, 벗이나 문인에게 보낸 여러 편의 편지에도 무엇보다 현실에 적극적으로 나서서 실천할 것을 강조하고 있다.

외척정치의 모순에서 파생된 나라의 앞일을 걱정하면서, 지식인이라면 잘못된 정치를 바로 잡아야 한다는 점을 신념으로 삼았던 조식의 모습이 고스란히 드러나 있다.

05

의병을 탄생시킨
대일 강경론

고명한 덕을 지닌 임금이 왕위에 있어
정치가 잘 갖추어져 있는데도
섬 오랑캐가 난리를 일으키고 있다. …
나라 안으로 한낱 심부름하는 무리의 비행도
다스리지 못하면서,
어찌 나라 밖으로
온갖 교활한 짓을 하는 무리들을
제압할 수 있겠는가?

—「책문제」, 『남명집』

조식의 강경한 성격과 신념은 그가 당시의 일본을 바라보는 태도에도 그대로 드러난다. 그는 일본에 대해 강경한 토벌을 주장했다. 조식의 대일 강경책은 그가 18년간 왜구의 침탈이 많았던 김해에서 생활한 경험이 많이 반영된 것으로 여겨진다. 조식은 30세부터 48세까지 처가가 있는 김해에 산해정을 짓고 생활했다.

조식은 문인인 강익(姜翼)에게 보낸 편지에서 "조만간 화란이 닥칠 것"이라는 점을 경계했으며,[3] 제자들에게 모의시험 형식으로 문제를 출제하고 이에 대해 답안을 제시한 「책문제」에는 조식의 강경한 대왜관(對倭觀)이 잘 드러나 있다. 그는 「책문제」에서 조정의 일본에 대한 교린 정책을 비판하고, 왜에 대한 적극적인 토벌을 주장했다.

지금 고명한 덕을 지닌 임금이 왕위에 있어 정치가 잘 갖추어져 있는데도 섬 오랑캐가 난리를 일으키고 있다. 품어 안아 은혜를 베푸는데도 함부로 날뛰면서 일으키는 화란이 비할 바가 없다. 까닭 없이 장수를 죽이고 간사한 마음을 품고서 군주의 위엄을 가리었다. 제포(薺浦)를 돌려달라고 청하는 것은 그것이 불가함

116

을 알면서도 조정의 의사를 낱낱이 시험하려는 것이
고 대장경 삼십 부 인출을 요청하는 것은 반드시 얻고
자 함이 아니라 우리나라를 한번 우롱해 보자는 것이
다. 손뼉을 치고 뺨을 튀기고 지팡이를 어루만지면서
눈을 부릅뜨고 말하기를 "반드시 네 목을 뽑아 버리겠
다"고 하면 비록 삼척동자라도 그것이 공갈임을 알게
된다. 그런데 당당한 우리 조정에서 현명한 재상과 훌
륭한 장수가 부지런히 대책을 마련해야 함에도 불구
하고 도리어 저들의 허위와 위세에 무서워 벌벌 떨면
서 어찌 대처할 바를 모르고 "사중이어서 정사를 논의
하지 못한다"고 거짓 핑계만 대고 있는가? 이런 대를
당하여 유독 적을 제압하는 말이나, 적이 공격을 미리
준비하여 막는 계책이 없다는 말인가?

-「책문제」, 『남명집』

이 글에서 조식은 왜에 대하여 "눈을 부라리고 반드시
네 목을 뽑겠다고 한다면 비록 삼척동자라도 그것이 공갈
임을 알게 된다다"라 것과 같은 과격한 표현을 쓴다. 직선
적인 조식의 기질이 잘 드러난 부분이다. 조식은 일본에 대

한 강경한 입장을 견지하면서도, 외적 침입의 근본적인 원인을 내부의 기강이 확립이 되지 않은 것에서 찾았다.

> 나라 안으로 한낱 심부름하는 무리의 비행도 다스리지 못하면서, 어찌 나라 밖으로 온갖 교활한 짓을 하는 무리들을 제압할 수 있겠는가? 이로써 보건대 우리나라에는 인재가 없는 것이다. 나라를 어지럽히는 도적이 무인지경의 우리나라를 침범하는 것도 너무 늦은 일이라 하겠고, 우리가 그들의 침략에 곤욕을 치르는 것도 당연하다 하겠다.
>
> ─「책문제」,『남명집』

'나라 안으로 한낱 심부름하는 무리의 비행도 다스리지 못하면서, 어찌 나라 밖으로 온갖 교활한 짓을 하는 무리들을 제압할 수 있겠는가?'라고 지적을 한 것이 대표적이다. 일본의 침략을 막기 위해서는 내부의 기강 확립이 우선적으로 필요하며 이를 위한 인재 양성의 시급함도 주장했다.

조식의 대왜관은 왜에 대한 이황의 태도와 비교가 된다. 왜인의 화해 요청에 대하여 왜적이 비록 금수와 같으나 잘

조종해 평화를 유지해야 할 것을 강조한 1544년[중종 39년]의 상소문이나, 1555년에 삼포왜란이 일어나자 일본의 화의 요청을 받아들이자는 입장을 견지한 것에서, 이황의 일본에 대한 우호적인 인식을 엿볼 수 있다.

일본을 향한 이황과 조식의 입장 차이는 그들의 제자 문인들에게도 계승됐다. 1590년[선조 23년], 조선통신사로 파견됐던 이황의 제자 김성일(金誠一)이 보고를 올리면서 "일찍부터 두려워할 것은 천명과 인심이요 섬 오랑캐는 두려워할 것이 없습니다"4라고 입장을 정리한 부분은 이황의 온건한 대일관과 그 맥락을 같이한다.

반면에 조식이 사상을 계승한 문인들은 일본에 대한 강경론의 입장에 있었으며, 이것은 임진왜란 때 조식의 제자들 대부분이 의병 항쟁에 나선 것에서도 확인이 된다. 곽재우[의령], 정인홍[합천], 김면[고령] 등은 조식의 제자로서 의병장으로 활약한 대표적인 인물이다.

곽재우는 조식의 외손녀와 혼인했으며, 조식이 곽재우에게는 직접 병법을 가르쳤다는 기록도 보인다. 이황의 성리학이 일본에 크게 수용이 되고, 조식의 문하에서 최대의 의병장이 배출된 것 역시 두 사람의 일본에 대한 인식 차이가 반영된 것으로 볼 수 있다.

　일본에 기습을 당했던 임진왜란의 초기 전투에서 조식의 사상을 계승한 경상우도 지역 의병들의 활약상은 매우 컸다. 조식의 수제자 정인홍(鄭仁弘)의 다음과 같은 언급은 당시 경상우도 의병의 비중을 말해준다.

> 처음 본도가 적에게 거의 멸망 당했을 때 적의 세력이 비록 성했지만 의병을 일으키는 사람이 많았습니다. 원근에서 동시에 일어나 각자 항전했으므로 비록 적세가 강대했으나 그 세력이 분산될 수밖에 없었습니다. 때문에 그들은 장구히 서쪽으로 달려가 곧바로 호남 지방으로 들어갈 수 없어서 각기 무리로 모여서 오랫동안 버티는 형세가 됐습니다. 그간에 명나라 원병이 마침내 이르러 삼경(三京)을 수복하고 적은 해안으로 물러가게 됐으니 이것이 당시 경상우도 일대에서의 경과의 대략입니다.
>
> ―「사상주목사소」,『내암집』

　정인홍이 경상우도 의병으로 활약하여 곡창지대인 호남

지방을 보호하고 일본군의 보급로를 차단함으로써, 임진왜란에서 승리할 수 있는 주요한 전기가 마련됐다. 경상우도와 호남은 순치(脣齒)관계로 인식되고 있었고, 경상도 초유사(招諭使) 김성일(金誠一)은 경상우도가 무너지면 호남이 지탱하지 못하고 결국은 국가의 붕괴를 자초할 것이라고 했다.

결과적으로 조식의 사상을 계승한 제자들의 의병 활동은 경상우도 지역 방어를 넘어 호남의 곡창지대를 보호하는 계기를 마련한 역사적 의미가 있다.

지리산을 여행하며
정치를 굽어 살피다

산에 사는 중이 형편이 이러하니
산촌의 무지렁이 백성들의 사정은
알 만하다 하겠다. …
우리가 그들의 등 뒤에서
여유작작하게 한가로이 노닐고 있으니
이것이 어찌 참다운 즐거움이겠는가?

- 「유두류록」, 『남명집』

'경의(敬義)'를 평생의 신조로 삼으면서 실천하는 선비의 상징인 조식의 모습은 지리산 기행문과 각종 자료에서도 자주 나타나는 부분이다. 1558년[명종 13년] 첫 여름, 조식은 제자들 일행과 함께 지리산 여행을 떠났다. 여름의 더위를 피해 보고자 그의 제자들이 선생이 공부하고 있던 지리산 근처에 모여 단체 산행을 한 것이다.

산행에 앞서 조식 일행은 칼국수, 단술, 생선회, 찹쌀떡, 기름떡과 같은 음식과 소합원, 청양유 같은 비상 구급약도 준비했다. 쌍육(雙六)과 비슷한 놀이 기구인 육갑(六甲)을 준비한 것도 눈길을 끈다.

조식은 산을 오르는 데만 만족하지 않았다. 지리산 곳곳의 유적들을 보고 역사 속 인물들을 떠올렸고, 세금이 무거워 백성들이 고통을 받는 현실을 기록으로 남겼다.

특히, 조식의 지리산 기행문인 「유두류록(遊頭流錄)」 중, 신응사라는 절을 여행하는 부분에서 더욱 구체적으로 드러난다. 사찰에까지 관가의 부역이 심하게 미치고 백성들이 유망하는 현실이 생생하게 나타나 있고, 이를 지적하고 한탄하는 조식의 마음이 고스란히 담겨 있다.

절의 중이 고을 목사에게 편지를 써서 세금과 부역을 조금이라도 완화해 주기를 원하니 그들이 하소연할 데가 없음을 안타까이 여겨 편지를 써 주었다. 산에 사는 중이 형편이 이러하니 산촌의 무지렁이 백성들의 사정은 알 만하다 하겠다. 정사(政事)가 번거롭고 부역이 무거워 백성과 군졸이 끝내 떠돌아 없어지고 아비와 자식이 서로 보존하지 못한다. 조정에서 바야흐로 이를 크게 염려하고 있는데 우리가 그들의 등 뒤에서 여유작작하게 한가로이 노닐고 있으니 이것이 어찌 참다운 즐거움이겠는가?

-「유두류록」,『남명집』

정인홍은 스승의 행장에서, "백성들의 괴로움을 염려하여 마치 자기 몸이 아픈 듯했고, 회포가 이어져 이를 말함에 이르러서는 혹은 목이 메어 눈물을 흘렸다. 관리들과 더불어 이야기할 때는 일분이라도 백성을 이롭게 할 수 있는 일이 있으면 힘을 다해서 말했으니 혹 베풀어지기를 바라서였다"라고 한 것이나, 『연려실기술』의 기록에 "일찍이 선비들과 말을 하다가 당시 정치의 득실과 민생의 곤궁한

데 말이 미치면 팔을 걷어붙이고 목이 메어 눈물까지 흘렸다"라는 내용 등을 통해서, 백성들의 어려운 삶에 대해 비분강개하는 조식의 모습을 찾아볼 수 있다.

1504년 갑자사화로 희생된 선배 사림파 학자 정여창의 거처를 지나면서는 그의 죽음을 안타까워하는 부분도 주목된다. 영남 사림파의 중심인물로 조식이 존경한 학자 정여창이 연산군 때 일어난 갑자사화로 희생된 사실을 기억하고, 자신의 모습을 다시 확립하는 장면이다. 조식의 지리산 기행은 단순한 산행이 아니라 선비로서의 위치를 다시금 되새기게 하는 재충전의 장이었다.

도탄(陶灘)에서 한 마장쯤 떨어진 곳에 정여창(鄭汝昌)이 깊고 독실하여 우리 도학(道學)에 실마리를 이어주신 분이다. 처자를 이끌고 산으로 들어갔었으나 한림을 거쳐 안음 현감으로 나아갔다가 교동주(喬桐主)[연산군]에게 죽임을 당했다. 이곳은 삽암과 십 리쯤 떨어진 곳이다. 명철(明哲)의 행과 불행이 어찌 운명이 아니겠는가?

－「유두류록」, 『남명집』

기행문의 말미에서 조식은 지리산 산행을 떠난 것이 11번이나 된다고 했다. 그만큼 지리산은 한여름의 피서처이자, 제자들과의 끈끈한 관계를 확인시켜 주는 공간이었다. 조식의 사상을 이해함에 있어서는 그가 학문의 중심 무대로 삼았던 지리산이 가져다주는 영향력도 컸다.

조식이 만년에 자리를 잡았던 곳 산천재(山天齋)는 바로 지리산 천왕봉이 바라보이는 위치에 있었으며, 남명학파의 본산 역할을 했던 덕천서원 역시 지리산의 중심에 남았다. 조식이 묘소도 산천재 맞은 편에 있다. 그만큼 조식은 지리산을 사랑한 학자였다.

지리산은 예로부터 삼신산(三神山)의 하나로, 민간의 의식 세계에 깊이 자리 잡아 왔으며 민중들에게 피안의 장을 제공하는 곳으로 인식됐다.

조선 시대 도가적 성향을 지닌 지식인들을 기록한 홍만종의 『해동이적(海東異蹟)』과 같은 책에서도, 김시습, 서경덕, 곽재우, 박지화 등의 인물들이 지리산을 중요한 정신적 배경으로 하고 있음이 보이며, 지리산의 지명에 보이는 삼신동(三神洞), 청학동(靑鶴洞)의 명칭은 도가적인 의식을 잘 보여주는 것이다.

조식은 지리산을 배경으로 하는 시도 많이 남겼다. 다음의 시 「제덕산계정주(題德山溪亭柱)」에는 지리산의 웅장함을 칭송하고 자신을 견주어 보는 조식의 심정이 잘 나타나 있다.

청컨대 무거운 종을 보오　　　請看千石鐘
크게 두드리지 않으면 소리가 없다오　非大扣無聲
두류산과 꼭 닮아서　　　　　爭似頭流山
하늘이 울어도 울리지 않는다오　　天鳴猶不鳴
　　　　　　　　　　　　　　　「제덕산계정주」

지리산은 우리 역사에서 변혁과 저항 세력의 중심 무대가 되기도 했는데, 조식의 문인들이 의병운동에 적극 참여하고, 이후 광해군 대의 정국에서 적극적이고 급진적인 측면을 보인 것에는 지리산이 가져다준 정신적인 배경도 주요한 몫을 했다고 여겨진다.

PART 4

이이

경장의
시대를 위하여

율곡 이이 栗谷 李珥 1536~1584

조선의 문신이자 성리학자. 퇴계 이황과 함께 조선을 대표하는 유학자이자, 이론에만 몰두하지 않고 현실 개혁에도 적극적으로 노력한 정치가이다. 각종 과거 시험에 아홉 번 장원 급제할 정도로 관료로서 뛰어난 능력을 미리 보여 주기도 했다.

당시의 사회에서 가장 큰 문제점이던 민생, 경제, 국방 분야에 각별한 관심을 가지고, 성리학 이론을 바탕으로 문제 해결에 적극적으로 나섰다. 해주에 있을 때는 향약을 실시하여 지방민의 생활 안정에 나섰으며, 특산물을 납부하는 공납(貢納)의 폐단을 시정하는 정책인 대공수미법(代貢收米法) 실시를 주장했다. 병조판서로서 여진족 이탕개의 침입을 격퇴한 후, 십만 양병설을 주장해 임진왜란을 예언했다는 명성을 얻었다.

이이가 무엇보다 중점을 둔 것은 당시의 사회를 중쇠기[무너져 가는 시기]로 인식하고, 수립한 획기적인 경장 정책이다. 안정기에 접어들면서 혼란해진 사회를 개혁할 방법으로 조선 건국 초기의 초심으로 돌아가자는 경장론을 제시했다.

선조 대에 동서분당이 처음 시작되면서 당파 간의 대립이 심해졌고, 이이는 당쟁의 조정자 역할을 자처했다. 그러나 서인의 거두로 지목되면서 당쟁을 조정하지 못한 상황에서 생을 마감했고, 그의 사후에 당쟁은 더욱 기승을 부렸다. 하지만, 조선에서 추진된 수많은 정책과 개혁론의 뿌리에 그의 이름이 남아 있는 것은 학자이자, 정치가, 개혁가로서의 위상을 잘 보여준다.

01

민생과 함께한
구도장원공

어리석은 신의 망녕된 생각으로는,
유약(有若)의 말에,
"백성이 풍족하면 임금이 누구와 더불어
풍족하지 않으실 것이며,
백성이 풍족하지 못하다면
임금이 누구와 더불어
풍족하시겠습니까"라고 했으니,
임금과 백성이 한 몸이 되어
상하가 서로 필요로 함은 이와 같이 분명합니다.

「해서의 민폐를 진달한 상소」, 『율곡선생전서』

율곡 이이는 1536년 외가인 강릉 오죽헌(烏竹軒)에서 부친 이원수와 모친 사임당 신씨 사이의 4남 3녀 중 세 번째 아들로 태어났다. 어머니 신사임당은 경사(經史)와 시문, 서화에 뛰어나 이이의 성장기에 지대한 영향을 미친 인물이었다.

그러나 1551년 어머니의 별세로 삼년상을 치른 이이는 19세에 금강산에 입산하여 불교에 귀의하게 됐다. 불교의 선학(禪學)을 수행하면서 이이는 학문의 시야를 넓혀나갔는데, 이후 학문적 입지를 오로지 성리학에 둘 것을 결심하고 1년 만에 하산하게 됐다.

23세가 되던 1558년, 이이는 예안에서 후학들을 가르치고 있던 퇴계 이황을 만나게 되어 이황의 집에서 며칠 동안 머물며 학문을 묻거나 시를 지었다. 이황은 이이의 학문과 재능을 한눈에 알아보면서 "젊은 사람이 밝고 쾌활하며 기억하고 본 것이 많고, 자못 학문에 뜻이 있으니 가히 후생이 두려울 만하다"라고 했다.

이이는 돌아간 이후에도 이황과 서로 편지를 주고받으며 성리학의 기본 개념인 '이(理)'와 '기(氣)'에 대해 토론을 했는데, 이들의 토론은 성리학을 이론적으로 발전시키는

데 있어서 중요한 계기가 됐다.

이이가 벼슬길에 나아간 것은 29세 때인 1564년 문과에 장원급제하면서였다. 이때까지 그는 각종 시험에서 아홉 번이나 장원을 하여 '구도장원공(九度壯元公)'이라 불렸다. 호조좌랑으로 시작한 벼슬살이는 명종 대 사간원 정언, 사헌부 지평, 홍문관 부교리 등 삼사의 요직을 두루 거쳤다.

1568년 이이는 동호의 독서당에서 사가독서(賜暇讀書)[왕이 하사하는 휴가]를 하는 동안 당시의 정치 현실을 문답식으로 정리한 『동호문답(東湖問答)』을 저술하여 16세였던 선조에게 바쳤다. 『동호문답』에서 이이는 자신이 살아간 시대를 중쇠기(中衰期)[왕조의 중간 쇠미기]로 인식하여 대개혁의 경장(更張)이 필요한 시기임을 강조했다.

1574년에는 『만언봉사(萬言封事)』를 올려 시대 상황에 적합한 제도와 법을 만들어 백성들 삶의 문제를 해결해야 한다고 주장했다. 1575년에는 수기치인 등 제왕학의 조선식 이론서인 『성학집요(聖學輯要)』를, 1577년에는 『소학』의 이론을 보다 심화한 성리학 교과서 『격몽요결(擊蒙要訣)』을 저술했다.

42세 때 이이는 관직에서 물러나 해주에 은병정사(隱屏

精舍)를 짓고 후진 양성에 힘을 쏟았다. 은병정사는 해주 석담 부근의 다섯 번째 물굽이에 지은 학사(學舍)로서 조선 성리학의 이상을 향촌 사회에 실현하려 한 이이의 대동사회(大同社會)에 대한 꿈이 담긴 곳이었다.

그러나 이후에도 조정으로 불려서 이이는 이조, 형조의 관직을 두루 거쳤고, 1583년 2월 병조판서로 있으면서 시무(時務) 6조를 올렸다. 현명하고 능력 있는 자를 등용할 것, 군민(軍民)을 양성할 것, 재용(財用)을 충족할 것, 번방(藩邦)을 굳건히 할 것, 전마(戰馬)를 준비할 것, 교화를 밝힐 것 등 모두가 국방에 관한 내용으로, 이이는 최후까지 조선의 국방을 걱정한 참모였다.

이이는 명종, 선조 대를 살아가면서 최고의 학문적 성취를 이루었고, 이를 정치 현실에 구체적으로 적용하고 실천하려고 했다. 그의 학문과 사상은 조선 중기 이후 서인에서 노론으로 이어지는 세력에게 계승되면서, 이이는 조선 시대는 물론 현재까지 최고의 학자이자 정치가로 평가받고 있다.

02

정체기를 극복할
경장론의 집대성

지금 나라의 형세(形勢)는
마치 기절한 사람이 겨우 소생은 했으나
아직 모든 맥(脈)이 안정되지 않고
원기도 회복되지 못한 것과 같다.

– 「논아조고도불복」, 『동호문답』

1568년 선조에게서 왕이 내린 휴가인 사가독서의 명을 받은 이이는, 동호의 독서당으로 돌아가 자신의 학문을 연마하고 정리했다. 이듬해 1569년[선조 2년] 9월 25일, 34세의 이이는 홍문관 교리로서 선조에게 『동호문답』을 바쳤다.

선조에게 『동호문답』을 바친 것을 시작으로, 이이는 계속해서 선조에게 간언하여 시무를 받아들여 줄 것을 요청했다. 그러나 선조는 이이의 간언을 들어주지 않았고, 때로는 그를 과격하다고 배척하게 되면서 『동호문답』에 담긴 이이의 개혁은 실현되지 못했다.

그러나 『동호문답』은 이이가 처음으로 자신의 개혁론을 정리하여 국왕에게 직언하기 위해 바쳤으며, 이를 기반으로 자신의 학문과 경장을 넓혀나갔다는 점에서 큰 의의가 있다.

『동호문답』은 총 11개의 항목으로 이루어져 있는데, 주인과 손님이 정치의 요체에 대하여 문답을 하는 내용으로 구성되어 있다. 다음은 직설적으로 조선의 문제점과 개혁안을 제시한 『동호문답』의 일부다.

손님이, "지금 성상이 왕위에 오르시고 여러 현인들

이 조정에 포진하고 있어 백성들이 흔연히 태평성대를 바란 지가 벌써 삼 년이 됐다. 그런데도 민생의 곤궁함과 풍속의 야박하고 모진 것과 기강(紀綱)이 부진(不振)한 것과 선비들의 버릇이 바르지 못함은 조금도 변하지 않았다. 이 때문에 천심(天心)이 기뻐하지 않아 홍수와 가뭄이 때를 가리지 않고 일식(日蝕)과 월식(月蝕)도 나타나며 성수(星宿)가 변괴를 부리고 있으니 무슨 까닭인가?" 하니 … 지금 나라의 형세(形勢)는 마치 기절한 사람이 겨우 소생은 했으나 아직 모든 맥(脈)이 안정되지 않고 원기도 회복되지 못한 것과 같다. 서둘러 약을 주면 살아날 수 있는데 혹은 약을 쓰지 말고 저절로 낫도록 기다리자 하고 혹은 좋은 약을 써야 한다고 하면서 무슨 약을 써야 할지 몰라서 팔짱을 끼고 보고만 있을 뿐 한 가지 계획도 세우지 않는다. 큰 병 끝에는 풍사(風邪)가 들기 쉬운 것이니 머지않아 살려내지 못할 위험이 생기어 반드시 죽고야 말 것이다. 나라의 형세가 이처럼 위태로우니 녹을 받고 있는 신하들은 빨리 구출할 생각을 가져야 할 것이다. 간사한 무리를 물리치고 현명한 인사를 등용하는 것은 오직 그

구폐(舊弊)를 없애고 새로운 혜택을 베풀어서 민생(民生)을 구출하기 위해서이다. 그러나 지금은 그렇지 못하여 나라를 그르친 남곤(南袞), 김안로(金安老), 이기(李芑), 윤원형(尹元衡)의 남은 해독이 아직도 다 씻어지지 못했고 백성을 괴롭히던 가혹한 법률이 아직 개혁되지 못했는데, 그래도 안일(安逸)함만 찾고 일하기를 싫어하여 건의하고 일하는 것이 없는 것이 조참(曹參)이 소하(蕭何)의 뒤를 이은 것 같으니 이는 온 나라를 망각 속에다 내던져 둔 격이다. 군자(君子)와 소인(小人)의 차이가 한 치도 안 되니 백성의 곤궁함과 하늘의 노여움이 무엇이 괴이한 일이겠는가" 했다.

─「논아조고도불복」, 『동호문답』

이어서 동호문답의 주요 내용을 간추리면 다음과 같다. 동호문답의 내용을 순서대로 살피면, 첫째, 임금의 직책을 설명한 논군도(論君道), 둘째, 신하의 직책을 설명한 논신도(論臣道), 셋째, 역사적으로 좋은 임금과 좋은 신하가 만나기 어려움을 이야기한 논군신상득지난(論君臣相得之難), 넷째, 조선의 도학은 기자로부터 시작됐으나 후세에 이어지

138

지 못한 것을 말한 논동방도학불행(論東方道學不行)에 이어,

다섯째, 조선 왕조에 들어와 세종과 성종 같은 좋은 임금이 있었으나 연산조에 후퇴하다가 중종조에 조광조 일파가 도학을 일으키려 했으나 실패했음을 설명한 논아조고도불복(論我朝古道不復), 여섯째, 현재의 당면한 과제를 논한 논당금지시무(論當今之時務), 일곱째, 실천에 힘쓰는 것이 수기의 근본임을 논한 논무실위수기지요(論務實爲修己之要)와 여덟째, 간신을 분간하는 것이 어진 사람을 등용하는 근본임을 논한 논변간위용현지요(論辨姦爲用賢之要), 아홉째, 군역, 방납, 서리의 주구 등을 개혁해야 민생이 안정될 수 있음을 논한 논안민지술(論安民之術), 열째, 학교 제도와 과거 제도의 개혁을 논한 논교인지술(論敎人之術), 열한째 을사사화를 일으킨 원흉들을 징계해야 명분이 설 수 있음을 논한 논정명위치도지본(論正名爲治道之本)이다. 이와 같이 이이는 조선을 다시 중흥시키기 위해 전방위적인 개혁을 체계적으로 꿈꾸었다.

몸을 닦고
백성을 편안케 하라

삼가 바라건대,

전하께서 자세히 보시고 익히 검토하시며

신중히 궁구하고 깊이 생각하시어

성상의 마음속에서

취하고 버릴 것을 결정하신 다음,

널리 조정의 신하들에게 하문하시어

그 가부를 의논하게 한 뒤에

이를 받아들이거나 물리치신다면

매우 다행스럽겠습니다.

— 「만언봉사」, 『율곡선생전서』

1574년[선조7년] 1월, 선조는 재이(災異)로 인해 신하들에게 구언을 요청하는 교지를 내렸다. 이에 응하여 39세의 이이는 우부승지로서 장문의 상소를 선조에게 올리게 된다.

당시 선조에게 올린 상소인『만언봉사』는 고통에 빠진 백성들을 구하기 위해 사회의 폐단을 개혁하여 새롭게 하기 위해 '경장(更張)'할 것을 거듭 요청한 것이었다. 비록 선조의 우유부단함으로 이이의『만언봉사』는 실현되지 못했지만,『만언봉사』를 통하여 민생을 위한 개혁가 이이의 면모를 엿볼 수 있다.

『만언봉사』에는 이이가 경연에서 일상적으로 말했던 주장들이 다시 글로 정리되어 있다. 그동안 말해왔던 주장들이, 그만큼 선조가 변통을 어렵게 여겨 실천되지 않았기 때문이었다.『만언봉사』에서는 이이가 우려하는 일을 일곱 가지로 정리했고, 나아가 임금의 수기(修己)와 안민을 위해 방책을 개진했다. 그 내용을 직접 살펴보자.

이제 몸을 닦고 백성을 편안하게 할 요체를 진언하여 천명(天命)이 영원하기를 비는 방법으로 삼고자 합니다. 몸을 닦는 데에는 그 요강이 네 가지가 있습니다.

첫째는 성상의 뜻을 분발하여 삼대(三代)의 흥성했던 시대로 되돌려 놓기를 기약하는 것이고, 둘째는 성학(聖學)을 힘써 성의(誠意)와 정심(正心)의 공효를 다하는 것이고, 셋째는 편벽된 사심을 버리고 지극히 공평한 도량을 넓히는 것이고, 넷째는 어진 선비를 친근히 하여 깨우쳐 주고 보필해 주는 이익이 되도록 하는 것입니다. 백성을 편안히 하는 데에는 그 요강이 다섯 가지가 있습니다. 첫째는 성심을 열어 신하들의 충정을 얻는 것이고, 둘째는 공안(貢案)을 개혁하여 지나치게 거두어들이는 폐해를 없애는 것이고, 셋째는 절약과 검소함을 숭상하여 사치 풍조를 개혁하는 것이고, 넷째는 선상(選上)의 제도를 바꾸어 공천(公賤)의 고통을 덜어 주는 것이고, 다섯째는 군정(軍政)을 개혁하여 안팎의 방비를 굳건히 하는 것입니다.

삼가 바라건대, 전하께서 자세히 보시고 익히 검토하시며 신중히 궁구하고 깊이 생각하시어 성상의 마음속에서 취하고 버릴 것을 결정하신 다음, 널리 조정의 신하들에게 하문하시어 그 가부를 의논하게 한 뒤에 이를 받아들이거나 물리치신다면 매우 다행스럽겠습니다.

–「만언봉사」, 『율곡선생전서』

　만언봉사에서 이이가 제시한 사회의 폐단과 개혁안을 정리해 살펴보자. 먼저 걱정할 일에 대해서는 첫째, 임금과 신하 사이에 소통하는 실(實)이 없고, 둘째, 신하들이 일에 책임을 지는 실이 없고, 셋째, 경연에 성취하는 실이 없고, 넷째, 현인(賢人)을 초빙하여 등용하는 실이 없고, 다섯째, 재이(災異)를 만났는데도 하늘의 뜻에 응하는 실이 없고, 여섯째, 여러 가지 대책에 백성을 구하는 실이 없고, 일곱째, 인심이 선(善)을 향하는 실이 없다고 했다.

　그러므로 이이는 국왕의 수기(修己)를 강조했는데, 수기를 위해서 해야 할 일을 네 가지로 정리했다. 첫째, 뜻을 분발하여 삼대의 융성함을 기약하고, 둘째, 학문을 부지런히 하여 성정(誠正)의 공(功)을 다하고, 셋째, 편벽된 사(私)를 버리고 지극한 공(公)의 공간을 넓혀 가고, 넷째, 어진 선비들을 가까이하여 깨우침을 높일 것을 강조했다.

　마지막으로 안민을 위하여 다섯 가지 방책을 내놓았다. 첫째, 진실한 마음을 열어 아랫사람들의 정(情)을 얻고, 둘째, 공안(貢案)을 개혁하여 폭렴(暴斂)의 해를 없애고, 셋째, 절검(節儉)을 숭상하여 사치의 풍조를 없애고, 넷째, 공노비의 선상(選上)을 개혁하여 그들의 고통을 덜어주고, 다섯째, 군정(軍政)을 개혁하여 국방을 튼튼히 할 것을 주장했다.

04

제왕학의
조선식 이론서

신은 여기에 정력을 다 바쳤사오니,
열람해 주시고 늘 책상 위에 두고 보신다면,
전하께서 천덕(天德)을 밝히시고
왕도를 이루시는 학문에
작은 보탬이 없지 않을 것이옵니다.

– 『성학집요』

『성학집요』는 이이의 왕도 정치 이념과 경장 이론을 가장 체계적이고도 상세하게 정리한 것으로, 이황의『성학십도』와 더불어 16세기 왕도 정치 이념을 대표하는 정치서이며, 이이의 경장 이론을 집대성한 책이라 할 수 있다.

1575년[선조 8년] 9월, 선조가 진정한 성군으로 거듭나기를 바랐던 이이는 자신이 쓴『성학집요』를 선조에게 바쳤다.『성학집요』는 제왕학의 지침서라 할 수 있는 진덕수의『대학연의』가 너무 방대하여 읽기 어렵고, 조선의 현실에 걸맞지 않았기 때문에 이이가 새롭게 정리한 것이다.

이이는 경전(經傳)과『사기(史記)』에서 학문과 정치에 대한 간절한 말을 뽑아 수기(修己)와 치인(治人)으로 나누어 새롭게 정리했다.『성학집요』는 통설(統說)과 수기(修己), 정가(正家), 위정(爲政), 성현도통(聖賢道統), 모두 다섯 편으로 구성되어 있다. 아래의 글은 이이가 쓴『성학집요』의 서문 중 내용을 인용한 것이다.

전하께서 '500년마다 성왕(聖王)이 나온다는 때[오백지기(五百之期)]'를 맞으시어 군사(君師)의 지위에 계시고 착한 것을 좋아하는 지혜[智]와 욕심이 적은 어짊[仁]

과 일을 결단하는 용기[勇]가 있으시니, 진실로 처음부터 끝까지 쉬지 않고 학문에 힘쓰신다면 막중하고도 원대한 임무를 무엇인들 이루지 못하겠습니까. 다만 어리석은 신(臣)은 견문이 넓지 못하고, 지식과 생각하는 것이 투철하지 못하여, 차례를 갖추는 데 순서를 잃은 것이 많습니다. 그러나 인용한 성현의 말씀은 천지에 세워 놓고 보아도 어긋나지 않고, 귀신에게 질정하여도 의심되는 것이 없으며, 뒷날의 성인이 보더라도 의혹할 것이 없습니다. 그러니 어리석은 신하가 조리(條理)를 잘못 구분했다고 해서 전현(前賢)의 교훈을 가볍게 여겨서는 안 될 것이옵니다. 더러 어리석은 신이 한 번 터득한 말을 그 사이에 섞은 경우도 있사오나, 모두 삼가 성현의 교훈을 상고하여 거기에 맞도록 문장을 지었고, 감히 제 의견을 함부로 내뱉어 종지(宗旨)를 잃지는 않았사옵니다. 신은 여기에 정력을 다 바쳤사오니, 열람해 주시고 늘 책상 위에 두고 보신다면, 전하께서 천덕(天德)을 밝히시고 왕도를 이루시는 학문에 작은 보탬이 없지 않을 것이옵니다.

이 책은 비록 임금의 학문에 주안점을 두었사오나 실

제로는 상하에 두루 통하는 글입니다. 배우는 사람 중에 널리 보긴 했으나 넘치는 지식을 추스르지 못하는 자도 여기에서 공(功)을 거두어 요약하는 방법을 얻어야 하고, 배우지 못하여 고루하고 견문이 좁은 자도 여기에 힘을 다하여 학문으로 나아가는 방향을 정해야 합니다. 그러면 배움에는 빠르고 늦음이 있으나 모두 유익함을 얻을 것입니다. 이 책은 사서(四書)와 육경(六經)으로 가는 계단[階梯]입니다. 만약 부지런히 노력하기를 싫어하고 간편한 것을 편안히 여겨서, 학문의 공(功)이 여기에서 그친다면 이것은 그 문과 뜰만 구하고 그 방은 찾아 들어가지 못한 것이오니, 신이 이 책을 엮은 뜻이 아니옵니다. 만력(萬曆)[명(明)나라 신종 연호] 3년 을해년[1575년, 선조 8년] 가을 7월 16일에 통정대부(通政大夫) 홍문관부제학 지제교 겸 경연참찬관 춘추관수찬관(弘文館副提學知製教兼經筵參贊官春秋館修撰官) 신(臣) 이이(李珥)는 손을 모아 엎드려 절하옵고 삼가 서(序)를 쓰옵니다.

-『성학집요』

이이는 『성학집요』를 통하여 선조가 군사와 같은 성군이 될 수 있기를 바랐다. 이이는 선조가 총명하고, 지혜가 있으며, 효도와 우애, 공손함과 검소함을 지니고 있어 성군이 될 만한 자질이 있다고 했다.

그러나 선조가 너무 영특하여 착한 것을 받아들이는 도량이 넓지 못하고, 노기(怒氣)를 쉽게 드러내면서 신하들과 겨루어 이기기를 좋아하고, 직언하는 신하를 싫어하는 모습을 보여주고 있다고 말했다.

게다가 선조는 개혁의 부작용을 너무 걱정해 오히려 백성의 고통을 덜어주지를 않으니, 이러한 기질이 변화되어야 한다고 하며, 『성학집요』를 통해 선조가 진정한 성군으로 될 수 있기를 기대했다.

05

조선에
걸맞은 향약

재난이 적으면 사람을 보내어 도와주고
심하면 친히 많은 사람을 거느리고 가서
도와주며 또 위문하고,
만약 이로 인하여 양식이 떨어지게 되면
여러 사람이 의논하여 재물로써 돕는다.

–「해주향약」,『율곡선생전서』

향약은 조선 시대 향촌 사회의 자치 규약으로, 조선 중기 지방 사림이 백성의 교화를 위해 유교 윤리를 기반으로 향촌의 공동 조직을 재구성한 것이다. 이이는 자신이 만든 직접 향약을 지방 사회에 적용함으로써 주도적인 개혁을 행하고자 했다.

그럼에도 불구하고 이이는 1573년 선조가 향약을 전국적으로 시행하려 했을 때 누구보다도 반대하는 입장을 취했다. 향약은 원래 삼대의 법으로 이상적인 것이지만, 우리 현실에 맞지 않는다는 것이 가장 큰 이유였다.

즉, 현재 백성들의 삶이 힘들고 고달프므로 시급한 것은 백성들의 고통을 해결해 주는 것이며, 그다음에 교화를 시도해야 한다는 것이 이이의 주된 주장이었다.

또 이이는 향약을 실시한다면, 그 방법과 목표를 우리나라의 형편에 맞아야 하는데, 주자의 여씨향약은 조선에 적용하기에는 알맞지 못하다고 여겼다. 여씨향약의 네 가지 분야인 덕업상권, 과실상규, 예속상규, 환난상휼의 구체적인 사항들이 조선에 맞지 않으므로, 조선만의 향약 모델이 필요하게 된 것이었다.

이러한 인식하에 이이는 자신이 목사를 맡았던 청주와,

은퇴한 후에 머무른 해주에서 지역 특성에 맞는 향약을 스스로 창안하여 운영하게 됐고, 지방 사회에 적용함으로써 주도적인 개혁을 펼쳐나갔다.

이이가 주도적으로 만든 향약은 모두 네 종류로, 서원향약, 해주향약, 사창계약속, 해주일향약속이 있다. 서원향약은 이이가 청주 목사로 있던 시절에 만든 향약으로, 청주의 면과 리를 망라하는 향약이라는 점이 특징이다.

청주목 전체를 포괄하여 그 규모가 크기 때문에 책임자인 도계장을 4명 두어서 집단 체제로 운영하는 것이 서원향약의 주요 골자다. 또한 중요한 범죄자에 대한 처벌은 수령에게 맡긴다는 점에서 실제로 관 주도형 향약이라고 말할 수 있다.

두 번째로 해주향약은 이이가 은퇴하여 해주에서 복거하고 있을 때 만든 향약이다. 해주향약은 최충(崔沖)을 모시고 있는 문헌서원의 유생을 중심으로 운영하는 향약이다.

사창제[조선 시대 각 지방에 곡물 대여 기관을 설치하는 제도]를 서원과 연계해 유생들의 경제적 상부상조 기능을 강화하고, 유생의 도덕적 언행의 함양을 목표로 만들어진 것이 특징으로 관과 민의 관계는 중요한 의미를 가지지 않는다.

해주향약의 내용을 직접 살펴보자. 아래의 글은 이이가 직접 만든 향약 중 '해주향약'에서 환난상휼에 해당하는 사항들을 일부 인용한 것이다.

「환난을 서로 도움[환난상휼(患難相恤)]」

환난의 일은 일곱 가지이다.

하나. 수재와 화재인데, 재난이 적으면 사람을 보내어 도와주고 심하면 친히 많은 사람을 거느리고 가서 도와주며 또 위문하고, 만약 이로 인하여 양식이 떨어지게 되면 여러 사람이 의논하여 재물로써 돕는다.

둘. 도둑이 드는 것인데, 가까이 있는 사람들은 힘을 합쳐 도둑을 잡고, 힘이 있는 이는 관사(官司)에 고한다. 그 집안이 가난하면 의연금을 모아서 돕고 만약 이로 인하여 조석의 끼니를 못 하게 되거나 또는 발가벗게 되면 여럿이 의논하여 재물을 내어 돕는다.

셋. 질병(疾病)인데 병이 가벼우면 사람을 보내어 문병하고 심하면 의원과 약을 구해 준다.

직월이 주관하여 약원 가운데 나이가 어린 사람을 시켜 번갈아 의원에게 가서 상태를 묻게 한다.

그 집안이 가난하면 여럿이 의논하여 그 병을 요양할 비용을 도와준다. 만약 온 집안이 병들어 누워 농사를 지을 수 없으면 약원들이 협력하여 종과 소를 내어 농사를 지어 주고 병작(幷作)을 줄 만한 곳이면 신실한 사람을 가려서 준다.

넷. 상사에 조문하고 부조하는 것인데, 이미 위에서 밝혔다. 만약 지극히 가난하여 장사를 할 수 없는 경우에는 여럿이 의논하여 규정된 부조 외에 재물을 더하여 도와준다.

다섯. 외롭고 어린 것인데, 약원 중의 한 사람이 죽었을 때 아들이 어려서 의탁할 곳이 없는 경우를 말한다. 만약 그 집이 넉넉하면 그 친족 중에서 정직하고 신실하고 일을 주간할 이를 가려 대처하게 하고 그 재산의 출납(出納)을 조사한다. 친족 중에 마땅한 사람이 없으면 약원 중에서 절친한 이로써 맡게 한다. 만약 그 집이 가난해서 스스로 살아갈 수 없으면 약원들이 협력하여 도와서 의탁할 곳이 있게 해야 할 것이다. 만약 침해하고 속이는 자가 있으면 여러 사람이 힘써서 그를 위해 사리를 밝힌다. 만약 그 자식이 조금 크면 사람을 가려 가르치고, 또 혼인을 구하여 준다. 만약 마음대로 방탕하거나 단속하는 것이 없으면 자꾸 살펴 규제하여 불의(不義)에 빠지지 않도록 하며, 끝내 가르칠 수 없는 정도가 되면 그만둔다.

여섯. 억울하게 무고(誣告)를 당하는 것인데, 약원 중에서 다른 사람의 무고를 당하여 억울한 죄나 허물을 스스로 밝힐 수 없는 이가 있다면, 형세가 관부(官府)에 고할 만한 것이면 그를 위해 말을 하고, 무고를 풀어 줄 만한 방책이 있으면 풀어 주도록 한다. 혹시 그 집이 이 때문에 의지할 곳이 없게 되면 여럿이 함께 재물을 내어 도와준다.

일곱. 극히 가난한 것인데, 약원 중에서 가난을 참고 분수를 지키며, 생계가 군색하여 먹을 것이 끊어지는 일이 있으면 재물을 내어 돕는다. 처녀가 혼인을 할 시기가 지났으면 약원들이 연명으로 정장(呈狀)을 하여 관사에 해결해 주기를 진정한다. …

–「해주향약」, 『율곡선생전서』

이어서 이이가 만든 나머지 향약을 간단하게 살펴보자.

세 번째 사창계약속은 이이의 주거가 있던 야두촌의 촌민을 대상으로 한 향약으로, 경제적 상부상조를 통한 민생 안정에 역점을 두고 사창제와 연계시켜 향약을 운영했다는 점이 특징이다. 이러한 점에서 사창계약속에는 민생이 안정되지 않으면 교화가 효과를 볼 수 없다는 이이의 시각이 반영된 것으로 보인다.

네 번째 향약, 해주일향약속은 해주목의 반관반민(半官半民) 자치기구인 향소(鄕所)를 중심으로 운영되는 향약이다. 덕망 있는 사족 지도자가 향소를 하부 집행 기구로 흡수하여 자율적으로 관과 민의 중간에 서서 관이 민을 보호하고, 민이 관을 도와주어 스스로 도덕적 규범을 높여갈 수 있도록 조정자 역할을 하는 기구라고 할 수 있다.

06

붕당 사이에 놓인
십만양병설

"미리 십만 명을 양성하여
급한 일이 있을 때를 대비하십시오.
그렇지 않으면 십 년을 지나지 아니하여
토담이 무너지는 화가 있을 것 입니다" 하니
정승 유성룡이 말하기를,
"일이 없이 군대를 양성하는 것은
화근을 만드는 것입니다" 했다.

－「부록」, 『율곡선생전서』

이이의 행적이나 참모의 역할에서 그의 비범함을 강조하는 대표적인 내용이 바로 '십만양병설(十萬養兵說)'이다. '십만양병설'은 1583년 경연에서 이이가 주장한 것으로 기록되어 있다.

그런데 이이의 『율곡집』에 있는 행장이나 『선조수정실록』에 기록된 십만양병설은 이이의 대표적인 선견지명을 보여주는 유명한 사례임에도 불구하고 정작 축소된 경우가 있으며, 아예 사실이 아닐 것이라는 주장도 다분하게 존재한다.

십만양병설에 대한 최초의 기록은 이이의 문인 김장생이 쓴 『율곡집』 행장에서 나타나며, 이후에는 김장생의 제자인 송시열의 「율곡연보」에서 구체화됐다.

선생이 경연에서 아뢰기를, "국가의 기세가 부진한 것이 극에 달했으니 십 년이 지나지 않아서 마땅히 땅이 붕괴하는 화가 있을 것입니다. 원컨대 미리 십만의 군사를 양성하여 도성에 이만, 각 도에 일만씩을 두어 군사들에게 호세(戶稅)를 면해 주고 무예를 단련케 하고, 육 개월에 나누어 번갈아 도성을 수비하다가 변란이 있을 때는 십만을 합하여 지키게 하는 등 완급의 대비를 삼아야 합니다. 그렇게 하지 않으면 하루아침에 사변이 일어나 백성들을 몰아내어 싸우게 함을 면치 못할 것이니 큰일이 실패할 것입니다"라고 하니, 유성룡은 불가하다면서 "무사한 때에 군사를 기르는 것은 화를 기르는 것입니다"라고 했다. 경연의 신하들도 모두 선생의 말을 지나친 염려라고 여겨 행하지 않았다.

송시열,「율곡연보」

송시열의 「율곡연보」는 김장생의 「행장」 기록을 거의 따르면서, 십만 양병의 구체적인 내용들을 서술한 것이 특징이다. 특히 송시열은 십만 양병을 주장한 시기를 1583년 4월이라고 기록하고 있는 것이 주목된다. 이는 1592년 4월 임진왜란이 발생하기 10년 전의 기록이라는 점을 강조하여, 이이의 선견지명을 매우 구체화한 작업이라 할 수 있다.

그러나 실록을 살펴보면, 이이의 십만양병설은 광해군 시대에 북인(北人)이 주체가 되어 완성한 『선조실록』에는 기록되어 있지 않고, 인조 시대 수정 작업에 착수하여 효종 시대에 완성한 『선조수정실록』에만 기록되어 있다. 『선조수정실록』에는 송시열의 「율곡연보」와는 달리, 1582년[선조15년] 9월에 그 내용이 실려 있다.

이이가 일찍이 경연에서 "미리 십만의 군사를 양성하여 앞으로 뜻하지 않은 변란에 대비해야 한다"고 말하자, 유성룡은 "군사를 양성하는 것은 화단을 키우는 것이다"라고 하며 매우 강력히 변론했다. 이이는 늘 탄식하기를 "유성룡은 재주와 기개가 참으로 특출하지만, 우리와 더불어 일을 함께 하려고 하지 않으니 우리들이 죽은 뒤에야 반드시 그의 재주를 펼 수 있을 것이다" 했다. 임진년 변란이 일어나자 유성룡이 국사를 담당하여 군무(軍務)를 요리하게 됐는데, 그는 늘 "이이는 선견지명이 있고 충근(忠勤)한 절의가 있었으니 그가 죽지 않았다면 반드시 오늘날에 도움이 있었을 것이다"라고 했다 한다.

-『선조수정실록』 선조 15년 9월 1일

이처럼 십만양병설에 대한 기록들이 복잡하게 얽혀있는

160

것은 바로 사림 세력이 분화한 동인과 서인의 치열한 당쟁에서 기인한다. 이이가 사망할 무렵 동인과 서인의 대립은 극에 달했다. 1575년 동인과 서인이 분당한 이래 당쟁은 점차 심화됐고 마침내 상대 당파를 원수처럼 인식하는 강경한 정국이 전개됐다.

이러한 정국에서 이이는 한 시대를 구제함과 국방 강화책을 정치의 급선무로 여겼기 때문에 어느 당파에도 치우치지 않고 사류들의 보합(保合)과 중재에 힘을 기울였지만, 그의 뜻대로 정치는 운영되지 않았다. 오히려 이이는 동인들에 의해 서인의 영수로 지목받았고 그만큼 이이에 대한 동인들의 반감은 컸다.

이이의 사후, 광해군이 즉위하면서 선조 시대를 정리하는 『선조실록』이 편찬됐다. 실록은 선왕과 선왕의 치세를 기록하는 것으로, 후대의 왕 시절 누가 집권 세력이 되는가가 서술에 큰 영향을 미친다.

광해군 대의 집권 세력인 북인은 동인에서 남인과 북인으로 분립된 정파로, 동인 중에서도 서인에 대해 보다 강경한 입장을 보인 정치 세력이었다. 북인의 주도하에서 편찬된 『선조실록』은 서인들에 대해 적대적인 입장을 취한 면

모가 곳곳에서 드러나고 있다.

대표적으로 『선조실록』에 기록된 이이의 '졸기(卒記)'를 보면, 이이의 죽음에 대해 '이이졸(李珥卒)'이라는 단 세 글자로 기록하여 아무런 의미도 표현하지 않았다.

이와 달리 서인들에 의해 편찬된 『선조수정실록』에는 이이의 인품, 학문적 성취, 교유 및 사승 관계 등에 대해 자세히 언급하는 모습을 보여준다. 대학자 이이의 죽음에 관한 기록조차 '이이졸'이라는 단 세 글자로 표현한 북인들이, 서인의 영수 이이가 제시했던 주요한 방책들을 흔쾌히 수록했을 가능성은 적어 보인다.

인조 원년 경연에서 서인들이 중심이 되어 『선조실록』과 광해군 대의 시정기를 수정하자고 제의했던 것은 이러한 인식의 반영이었다. 그러나 기존의 실록을 없애고 새로 실록을 쓴다는 것은 전례도 없거니와 자신들의 정치적 입장에 의한 편찬이라는 비난을 살 것이 분명했다.

이에 기존의 『선조실록』은 그대로 두고 『선조실록』의 내용을 수정, 보완한 형태의 『선조수정실록』을 만들어 두 가지 형태의 실록을 후대에 그대로 보존하게 했던 것이다.

서인들이 주도한 『선조수정실록』은 우여곡절 끝에 효종

대에 완성할 수 있었다. 이즈음에는 이미 김장생의 행장에 기록된 십만양병설이 공공연하게 유포되고 있었고, 서인들이 집권한 때였던 만큼 『선조수정실록』에는 당연히 십만양병설이 기록되고 그 중요성이 강조될 수 있었다. 『선조수정실록』에서 묘사된 이이는 미래를 바라보는 혜안을 지녔던 학자이자 정치가로서, 그 모습이 선명하게 부각되어 있다.

이이는 줄곧 국방 강화를 주장한 학자였다. 1584년 이조판서였던 이이가 병석에 누워서까지 변방에 대한 방어를 역설한 것에서도 이러한 모습은 잘 드러난다. 이이는 병조판서로 있을 때부터 생긴 병 때문에 자리에 누웠다. 선조는 의원을 보내 치료하게 하는 한편, 이때 서익(徐益)이 순무어사로 관북에 가게 되자 이이를 찾아가 변방에 관한 일을 묻게 했다.

자제들은 병이 현재 조금 차도가 있으나 몸을 수고롭게 해서는 되지 않으니 응하지 말 것을 청했지만 이이는 "나의 몸은 다만 나라를 위할 뿐이다. 만약 이 일로 인하여 병이 더 심해져도 역시 운명이다"라며 억지로 일어나 맞이하여 육조(六條)의 방책을 불러주었고, 서익이 이를 다 받아쓰자 호흡이 끊어졌다가 다시 소생하더니 하루를 넘기지 못하고 영원히 일어나지 못했다고 한다.

이러한 사례를 보았을 때, 이이는 평소에도 국방의 중요성을 강조했고, 구체적인 대책까지 제시한 것으로 보인다. 김장생은 스승의 말씀을 놓치지 않고 기록으로 남겼고, 이것이 행장에까지 수록됐다. 이제 십만양병설이 처음 기록된 행장의 기록을 살펴보자.

한 번은 경연에서, "미리 십만 명을 양성하여 급한 일이 있을 때를 대비하십시오. 그렇지 않으면 십 년을 지나지 아니하여 토담이 무너지는 화가 있을 것입니다" 하니 정승 유성룡이 말하기를, "일이 없이 군대를 양성하는 것은 화근을 만드는 것입니다" 했다. 그때에 난리가 없은 지가 오래되어 편안한 것만 좋아하여서 경연에 있던 신하들이 모두, "선생이 잘못한 것이다" 하니, 선생이 나와서 유성룡에게 말하기를, "나라 형세의 위태하기가 달걀을 쌓아 놓은 것 같은데, 시속(時俗)의 선비는 이때 어떻게 할 것을 모르니, 다른 사람이야 진실로 기대할 것이 없지만 그대가 또한 이러한

말을 하는가" 했다. 임진왜란이 일어난 후에 유 정승
이 조정에서 누구에게 말하기를, "지금 와서 보면 문
성공[이이]은 참으로 성인이다. 만약 그 말대로 했으면
나랏일이 어찌 이렇게 됐겠는가. 또 그가 전후로 계획
한 것이 어떤 사람은 잘못이라고 했지만 지금은 모두
꼭꼭 들어맞아서 참으로 따라갈 수가 없으니, 만약 율
곡이 살아 있다면 반드시 능히 오늘날을 타개할 방법
이 있었을 것이다" 했으니, 참으로 일백 년을 기다리
지 않고 안다는 것이다.

–「부록」, 『율곡선생전서』

이 십만양병설은 이이의 학통을 계승한 서인, 노론 세력이
조선 후기 정치의 주도 세력이 되면서, 임진왜란을 미리 예
견한 이이의 탁월한 능력을 강조하기 위해 널리 선전됐다.

그 과정에서 희생양이 필요했고, 동인의 영수 유성룡은
이이의 탁견을 무시한 무능한 정치인으로 격하됐다. 결국
십만양병설은 진실 공방을 떠나, 정치 권력을 획득한 서인
들이 자파 세력의 위상을 더욱 강화하는 방안으로 활용한
점은 틀림이 없다.

PART 5

양명 왕수인

지행합일의
정신

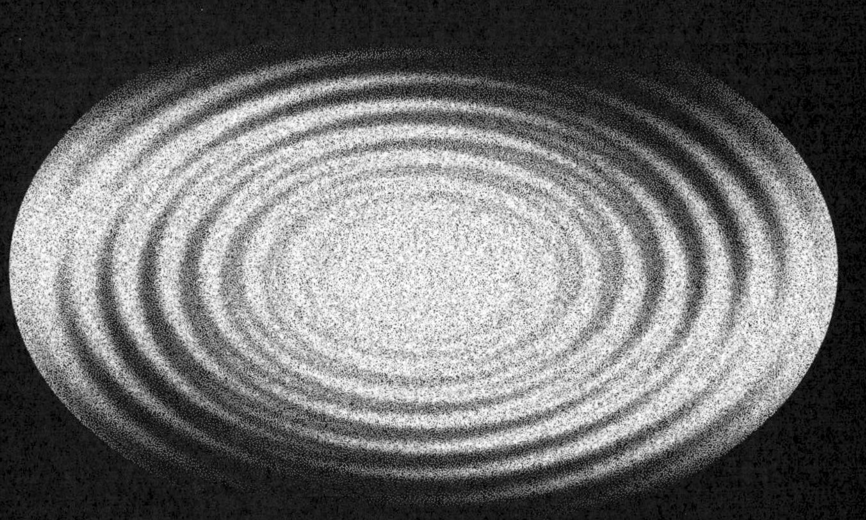

양명 왕수인 陽明 王守仁 1472~1528

중국 명나라 중기의 사상가이자 양명학(陽明學)의 창시자. 양명학은 사후 여러 방향으로 전개되어 실천하는 주체를 소홀히 하는 관념적·공상적인 이론으로 흘렀는가 하면, 착실한 면학수양(勉學修養)을 경시하는 풍조까지 빚어냈지만, 명대의 사조는 양명사상(陽明思想)의 전개[우파(右派)와 좌파(左派)로 나뉜다]에서 개성이 발휘된 것은 역사적 사실이다. 왕양명의 영향을 받은 대표적 인물은 이탁오가 있다. 이탁오의 유명한 저작물은 《분서》와 그 속편 격인 《속 분서》가 있다.

조선에서 가장 양명학적인 성향이 두드러진 학파는 화담 서경덕의 학풍과 사상을 계승한 화담학파이다. 화담학파는 조선 중기 사상사에서도 독특한 위치를 차지하는데, 주역(周易)을 중시하거나, 상수학(象數學)적인 경향, 문인들의 다기성(多岐性)과 같은 특징이 나타난다. 특히 성리학의 이론에만 매몰되지 않고, 실용적인 학풍을 보인 점 또한 양명학과의 유사성이 발견된다. 조선 중기 이후 양명학은 주류적인 흐름으로 나아가지는 못했지만, 저류적인 흐름으로 그 명맥을 유지해 나가게 된다. 최명길, 장유, 신흠 등이 양명학적인 성향을 보였으며, 18세기에는 정제두를 중심으로 강화도에 기반한 강화학파가 양명학의 연구에 전념했다. 정제두는 심학을 완성해 치양지학(致良知學)을 창조했다. 양명학은 정인보, 박은식 등 근대 학

01

유학을 밝히는
새로운 빛

한 푼의 인욕을 줄일 수 있다면
곧 한 푼의 천리를 회복할 수 있습니다.
얼마나 경쾌하고 깨끗한가!
얼마나 간단하고 쉬운 일입니까!

— 『전습록』

양명학(陽明學)은 중국 명나라의 철학자 왕수인(王守仁) [1472~1528]의 호인 양명(陽明)에서 이름을 따서 붙인 유가 철학(儒家哲學)의 한 학파로 주관적 실천 철학에 속한다.

양명학이라는 명칭은 메이지 유신 이후에 퍼진 것으로, 그 이전에는 육왕학(陸王學) 또는 왕학(王學)이라 불렸다. 육 왕학(陸王學)은 육구연(陸九淵)[1139~1192]의 학풍을 이어 왕수인이 대성한 유학(儒學)을 뜻하고, 왕학(王學)은 왕수 인의 유학을 뜻한다. 양명학의 핵심 이론은 심즉리(心卽理), 치양지(致良知), 지행합일(知行合一)로, 무엇보다 학문에 있 어서 실천을 중시하고 있다. 성리학의 핵심 이론이 성즉리 (性卽理)라면, 양명학은 심즉리라 하여 무엇보다 심학(心學) 을 중시한다.

15~16세기 조선 시대 양명학을 역사적 사상 현상으로 본다면, 여말선초에 수용된 정주학 중심의 성리학에 대한 대안을 찾으려는 흐름과 관련이 있다. 고려말 성리학이 처 음 수용되는 과정에서는 원나라의 실천 위주의 성리학이 큰 영향을 미쳤고, 이것은 성리학 이념으로 무장한 신흥사 대부 세력이 새로운 왕조를 건국하는 데 있어서 이념적 기 반으로 작용했다.

원명의 세력 교체와 조선의 건국에 주류적 사상이 된 후, 16세기에 이르면 성리학은 이론적으로 심화하는 과정을 겪었고 그 과정에서 사장(詞章)보다는 경학(經學)이 중시됐다. 이러한 과정에서 심경이나 근사록이 강조되고, 성리학의 심학화(心學化) 경향도 커졌다. 결국 16세기 중종, 명종 연간에 이르면 명나라에서 유행한 양명학의 심학화에 영향을 받는 일군 학자들이 등장하는데 화담 서경덕의 사상을 계승한 화담학파의 학자들 사이에서 이러한 경향이 두드러졌다.

17세기에는 최명길이 양명학에 관심을 가지면서, 아들인 최후량에게 보낸 편지에서는 "마음은 본래 살아 있는 것이니, 오랫동안 집착하여 있으면 마음속에 병이 일어날까 근심이 된다"[5]는 왕양명의 말을 인용하여 위로하고 있는 내용이 보인다. 최명길과 장유 등은 양명학에 관심을 가졌으나, 학파에는 이르지 못했으며, 18세기에 와서 하곡(霞谷) 정제두(鄭齊斗)가 배출되면서 양명학은 조선 후기에 하나의 학파를 이루게 됐다.

왕양명은 35세이던 1506년, 당시 최고 실세 환관인 유근(劉瑾)의 비리를 고발하는 상소문을 올렸다가, 귀주

성(貴州省) 용장(龍場)의 말단 관리로 좌천됐다. 북경에서 5,000km나 떨어진, 용장에서 3년간 머물며 '성인의 도는 나의 본성 속에 자족한 것[성인지도 오성자족(聖人之道, 吾性自足)]'이라는 사실을 깨달았다. 이 시기에 양명학의 핵심 명제인 심즉리 사상이 성립됐고, 왕양명은 심즉리를 바탕으로 '지행합일(知行合一)'을 제창한다. 용장을 떠난 이후 '인간 내면의 완전한 앎과 실천의 능력인 양지(良知)를 이룬다'는 '치양지 (致良知)' 등의 주요 핵심 학설을 전개했다.

왕양명이 주창한 양명학은 16세기 이후 조선 사회에 수용됐으나, 주류 사상인 성리학에 밀려 크게 전파되지는 못했다. 특히 이황이 왕양명이 저술한 『전습록』에 대하여 강한 비판을 제기한 「전습록논변」은 양명학의 전파에 부정적인 영향을 미쳤다.

그러나 양명학이 강조한 지행합일의 정신은 일부 학자들에게 수용되어, 조선 사회 내에 저류적 흐름로 이어졌고, 18세기 정제두가 강화 학파를 형성했다. 성리학이 지나치게 이론 위주로 전개되어 나갈 때 양명학을 수용한 학자들은 현실 문제의 실천에 관심을 가졌고, 이러한 점은 양명학의 조선 사회 수용에 큰 의미를 지닌다.

02

실천과
마음의 학문

마음속에 각인하여 깨닫고,
그 깨달은 바를 실천으로 옮겼을 때만이
비로소 참된 지식인이다

— 『전습록』

양명(陽明) 왕수인(王守仁)[이하 왕양명]은 중국 명나라대 학자로, 그의 성과 호를 따서 왕양명으로 많이 알려져 있다. 그의 사상은 하나의 학파를 이루어 양명학파를 이루었고, 명나라뿐만 아니라 조선과 일본에도 영향을 주었다.

중국 명나라에서는 왕양명의 양명학이 유행하기 이전 주자학이 유행했다. 북송대 신유학자들로부터 시작되어 남송대 완성을 이룬 주희의 주자학은 그가 살아있을 당시에 위학(僞學)으로 몰렸으나, 사후에는 원대(元代)를 거쳐 관학(官學)으로 자리 잡았다. 이후 명나라가 들어서며 주자학은 관학의 지위를 이어가고 있었으며, 출세를 위한 수단으로 활용됐다.

그러나 왕양명은 학문을 함에 있어서 과거에 나아가 출세를 하기 위한 학문을 한 것이 아닌 학문 자체에 열중했다. 이러한 그의 학문 태도는 어린 시절인 11세에 학문을 배울 때 "공부에서 제일 중요한 것을 성인(聖人)이 되는 것"이라 한 것에서 잘 확인할 수 있다.

또한 18세에는 송나라 유학자들의 격물(格物) 학설을 배우며 성인은 반드시 배워서 이를 수 있다고 한 것에 큰 깨달음을 얻어 성인의 학문에 뜻을 두었다. 그러나 21세가 되는 1492년 주자의 격물치지설에 따라 대나무 앞에서 7일 동안 그 이치를 탐구했으나 끝내 병만 얻고 주자학에 회의를 품게 됐다.

이후 도교와 불교에도 관심을 가져 공부를 했지만, 결국 유학으로 돌아왔다. 이렇게 유학으로 돌아온 왕양명은 주자학에서 벗어나 하나의 학문 체계를 세우기에 이르렀고, 이는 후대에 명대를 대표하는 하나의 학문인 양명학이라 불리는 학문으로 이어졌다.

'심즉리(心卽理)', '지행합일(知行合一)', '치양지(致良知)'설 등 양명학을 대표하는 키워드는 그의 학문이 성숙함에 따라 체계를 갖추어 갔다. 또한 그의 사상을 이해하는 데 도움이 되는 어록들을 제자들이 모아『전습록』으로 엮었다.

'전습(傳習)'이라는 뜻은『논어(論語)』「학이(學而)」편에 나오는 '전한 것을 익혔는가?'[전불습호(傳不習乎)]에서 나온 말로, 전(傳)은 경전에 대한 스승의 가르침을 뜻한다. 즉 전습이란 '경전에 대한 스승의 가르침을 익힌다'는 뜻이다.

이렇게 왕양명의 사상이 압축되어 있는『전습록』은 간행된 이후 얼마 지나지 않아 조선에도 전해지게 됐고, 당시 조선의 학자들은 이를 읽고 주로 선학(禪學)이라 비평하는 태도를 보였다.

대표적인 비판자로는 퇴계 이황(退溪 李滉)[1501~1570]이 있으며, 그는 「전습록논변」이라는 글을 통해 양명학을 강하게 비판했다. 당대 최고의 학자이자 후대까지 큰 영향을 주었던 이황은 양명학을 이단이라 규정했고, 후대 학자들도 이를 따르는 경향이 있었다.

따라서 양명학은 조선에서 주류 학문으로 자리 잡지 못했다. 하나의 학파로도 자리를 잡지 못하다가 하곡 정제두(霞谷 鄭齊斗)[1649~1736]에 의해 강화학파로 자리 잡았다. 그러나 이 또한 주류 학문으로서 편입되지는 못했으며, 조선 말 개화기 학자인 박은식(朴殷植)[1859~1925], 정인보(鄭寅普)[1893~1950] 등에 의해 다시 주목받기도 했다.

이렇듯 양명학을 이끈 왕양명은 그의 생전 중국 명나라에서 크게 유행했을 정도로 명대 대표적인 학자였다. 또한 그의 학문은 조선에 전래될 당시 처음에 주목받지 못했지만, 개화기 지식인들에게 다시 조명됐다.

명나라대 그의 학설이 하나의 큰 학파로 이룰 수 있었던 이유, 조선에서 이를 반대했던 이유, 개화기 지식인들이 다시 주목한 이유 등을 살펴보면 양명학이 단순히 한 시대의 학문으로 끝나는 것이 아닌, 현대인들에게도 교훈과 가르침을 주는 학문이 되리라 여겨진다.

03

세상의 이치는
결국 마음속에 있다

마음이 곧 이치〔理〕인 것이다.
천하에 또 마음 밖의 일이 있고
마음 밖의 이치가 있는가.

－『전습록(傳習錄)』

남송대 주자의 성리학은 성즉리(性卽理)설을 주장했다. 성리학은 이후 원나라대를 거치며 관학이 됐고, 명나라대에 이르러서는 완전히 나라에 자리 잡게 됐다. 또한 과거시험을 위한 학문으로 그 역할을 담당했다. 따라서 당시 명나라 지식인들은 유학[혹은 성리학]을 성인이 되기 위한 학문이 아닌 관직에 진출하기 위한 하나의 수단으로 활용하고 있었다.

대부분의 학자는 "유학은 주자에 의해 밝혀졌으니 실천만이 남아 있을 뿐이다"라는 인식을 가졌다. 이러한 시대적 배경 속에서 태어난 왕양명은 어린 시절부터 학문은 출세 수단이 아니라 성인(聖人)이 되기 위한 것으로 인식하고 있었다. 따라서 성인이 되기 위하여 당시 주된 학설인 주자의 성리학을 따라 실천했다.

주자의 가르침에 따라 직접 실천했던 왕양명은 사물의 이치를 깨닫기 위하여 대나무 앞에서 7일간 탐구했으나 병만 얻고 실패했다. 이에 주자학에 대한 회의감이 들었던 왕양명은 불가와 도가 사상에도 관심을 두고 공부했으나, 곧 다시 유학으로 돌아왔다.

이후 왕양명은 격물 공부가 사물의 이치를 깨치는 과정

을 통해 얻는 것이 아니라 자신의 마음에서만 가능하다는 것을 깨닫는다. 이렇게 깨달은 뒤, 성즉리가 아닌 심즉리(心卽理)를 주장하게 된다. 왕양명과 제자의 대화를 살펴보자.

선생님께서 말씀했다. "마음이 곧 이치[理]인 것이다. 천하에 또 마음 밖의 일이 있고 마음 밖의 이치가 있는가" 내가 말씀드렸다. "아버지를 섬기는 효도나 임금을 섬기는 충성이나 벗과 사귀는 믿음이나 백성을 다스리는 어짊 같은 것들에는 그것들 사이에도 허다한 이치가 존재하고 있습니다. 아마 잘 살피시지 않으면 안 될 것 같습니다" 선생님께서 탄식하시며 말씀하셨다. "그러한 설이 올바른 생각을 가리어 온 지는 오래된 일이다. 어찌 한마디 말로써 깨닫게 할 수야 있겠는가! 지금은 그저 질문한 말에 대해서만 얘기해 보겠다. 아버지를 섬기는 일 같은 것은 아버지에게서 효도의 이치를 구할 수 있는 것이 아니다. 벗을 사귀고 백성을 다스리는 데 있어서도 벗에게나 백성들에게서 믿음이나 어짊의 이치가 구해지는 것은 아니다. 모두가 다만 자기의 마음에 달려 있는 것이다. 마음이 곧 이치인 것이다. 이 마음에 사사로운 욕심에 의하여 가려진 게 없다면 곧 그것이 천리(天理)인 것이니 밖으로부터 조금도 더 보탤 필요가 없는 것이다. 이 천리에 순일(純一)해진 마음을 가지고서 그것을 바루히 하여 아버지를 섬기면 곧 그것이 효도이며, 그것을 발휘하여 임금을 섬기면 곧 그것이 충성이며, 그것을 발휘하여 벗을 사귀고 백성들을 다스리면, 곧 그것이 믿음과 어짊인 것이다. 오직 자기의 마음에 있어서 개인의 욕망을 버리고 천리를 간직하려는 노력만 하면 곧 되는 것이다.

- 『전습록』 상 3조

왕양명은 자신의 제자와 대화 중 '지극한 선'을 오직 마음에서만 구한다면 천하의 사리는 다할 수 없을 것 같다는 언급에, 마음이 곧 이치라 대답을 한다. 즉, 마음이 이치이자 사사로운 욕심 같은 것이 없다면 그것이 곧 천리(天理)이기 때문에 밖에서 이치를 구할 필요가 없다고 한 것이다.

따라서 아버지를 섬기는 효도나 임금을 섬기는 충성이나 벗과 사귀는 믿음이나 백성을 다스리는 어짊 같은 것들

에는 많은 이치가 존재한다고 이야기한 제자의 질문에, 왕
양명은 자신의 마음에 달려 있는 것이라 말한다.

이러한 왕양명의 발언은 "모든 사람은 요순과 같은 성인
이 될 수 있다"라 주장한 것으로 이어진다. 사람의 마음이
천리이기 때문에 그 마음에 인욕이 없이 순수한 상태가 된
다면 천리가 드러나 누구든 성인이 될 수 있다는 주장이다.
이에 대한 설명으로 순금을 통해 예시를 든다.

> 성인을 성인이라 부르는 까닭은 오직 그분들의 마음
> 이 천리에 순수하고 사람의 욕망이 섞여 있지 않기 때
> 문이다. 마치 순금을 순수하다고 하는 까닭은 다만 그
> 것이 지닌 색깔이 완전하여 구리나 납이 섞여 있지 않
> 기 때문인 것과 같다.
> 사람은 천리에 순수하게 되어야만 비로소 성인이 되
> 고, 금은 색깔이 완전하게 되어야만 비로소 순금이 된
> 다. 그러나 성인의 재질과 역량에는 또한 크고 작은 차
> 이가 있는 것이다. 그것은 마치 금의 무게가 가볍고 무
> 거운 게 있는 것과 같다.

--『전습록』상 100-1조

182

순금이 될 수 있는 요인은 그 무게에 달린 것이 아니라, 색깔에 달린 것이니, 성인 또한 재질과 역량에 달려 있는 것이 아닌 그 마음을 천리에 순수하게 할 수 있는지의 여부에 따라 달라지는 것으로 보았다.

따라서 마음이 곧 천리이기 때문에 평범한 사람도 공부를 통하여 그의 마음을 천리에 순수하게 하며 인욕을 제거한다면 누구든 성인이 될 수 있다고 주장한 것이다.

04

실천하는 자에게만
앎이 있다

알면서도 행하지 않는 자는
있을 수 없는 것이다.
알면서도 행하지 않는다면
그것은 다만 알지 못하는 것이다.
성현들이 사람들에게 가르친 것은
앎과 행동의 바로 그 본체로
회복게 하자는 것이었다.

-『전습록(傳習錄)』

왕양명이 지행합일을 주장하기 이전에 성리학을 집대성한 주자는 지(知)와 행(行), 즉 아는 것과 행동을 구분하여 설명했다. 주자는 앎이 앞서고 행위는 뒤에 있다 했다. 먼저 알아야 이어서 행동할 수 있다는 뜻이다. 이는 규범을 알아야 어떻게 행위 하는 것이 올바른 행위인지 알게 된다는 것을 뜻한다.

주자의 이러한 주장은 그의 사후 중국 사상계에서 지와 행을 설명하는데 기본이 됐다. 따라서 왕양명의 제자들도 '지행합일'의 설명을 듣고도 이해가 되지 않아 질문을 했다. 질문의 요지는, 아는 것과 행하는 것이 하나라 했지만, 알면서도 하지 못하고 있는 사람들의 행동을 보고서 이를 둘로 나누어야 한다고 본 것이다.

> 나는 아직도 선생님의 '지행합일'의 가르침을 잘 이해하지 못하고 있었기 때문에 벗들과 주고받고 토론을 했으나 결론을 얻지 못했다. 그래서 선생님께 여쭈었다. "지금 사람들은 누구나가 아버지에게는 효도를 다하고 형에게는 아우 노릇을 다하여야 함을 알고 있지만 효도를 다하지 못하거나 아우 노릇을 못하기 일

쓰입니다. 그러나 앎[知]과 행동[行]은 분명히 두 가지 일인 것 같습니다" 선생님께서 말씀하셨다. "거기에는 이미 사욕(私慾)에 의한 격절(隔絶)이 있으므로 지행(知行)의 본체는 아닌 것이다. 알면서도 행하지 않는 자는 있을 수 없는 것이다. 알면서도 행하지 않는다면 그것은 다만 알지 못하는 것이다. 성현들이 사람들에게 가르친 것은 앎과 행동의 바로 그 본체로 회복게 하자는 것이었다. 그대들로 하여금 그처럼 멋대로 행하게 두려는 것은 아니었다. … 어떤 사람이 효도를 알고 아우 노릇을 알고 있다고 한다면 반드시 그 사람은 이미 효도를 행하거나 아우 노릇을 하고 있기 때문에 그가 효도를 알고 아우 노릇을 안다고 말할 수 있는 것이다. 오직 효도나 아우 노릇에 관한 애기들을 말할 줄 안다 해서 곧 그가 효도나 아우 노릇을 알고 있다고 말할 수는 없는 것이다. … 성인들이 사람들에게 가르치신 것은 반드시 이러하기를 요구하신 것일 것이다. 그렇게 되어야만 비로소 그것을 앎이라 말할 수가 있을 것이다. 그렇지 않다면 그것은 전혀 알지 못하는 것이다"

-『전습록』상 5조

그러나 이에 대해 왕양명은 알면서도 행하지 않는 것은 있을 수 없으며, 다만 알지 못한 것이라 주장한다. 이러한 것을 주장하게 된 배경에는 그가 살았던 명나라 중기를 비판적으로 바라보고 있던 시선도 포함되어 있었다.

왕양명이 살았던 명대 중기에는 지식인들이 성인이 되기 위한 학문을 하는 것이 아닌, 출세를 위한 학문을 하고 있었으며, 학문에 대한 비판 정신이 사라지고 있었다. 또한 당시 황제였던 정덕(正德)[재위 1505~1521]은 부패하고 무능한 지도자로, 정국이 환관에 의해 좌지우지되던 시기였다.

특히 유근이라는 환관에 의하여 인사권이 전횡되고 있었을 때, 왕양명은 황제에게 유근을 탄핵하는 상소를 올렸다가 역으로 벌을 받게 되고 용장으로 가게 된다.

용장은 귀주 서북에 위치한 곳으로 소수민족인 묘족이 사는 곳이었다. 땅이 황량하고 언어도 통하지 않는 데다 습한 기후로 인하여 적응하지 못하는 사람은 고열과 구토 등으로 고생했다.

이러한 환경 속에서 왕양명은 스스로를 성찰하는 시간을 가졌다. 특히 '성인이 지금의 나와 같은 상황이라면 어떻게 했을까?'라는 의문을 고민하고 모색하다 이에 대한 나름의 해답을 찾게 됐다.

이후 자신에게 '성인의 도는 나에게 충분히 갖추어져 있다'라는 것을 깨달아 독창적인 사상 체계를 구축해 나갔으며, 마음을 중심으로 유학을 새로이 쌓아 가기 시작했다.

왕양명은 지행합일을 설명하는 데 있어 '아름다운 빛깔을 좋아하며 나쁜 냄새를 싫어하는 것'에 대한 예를 든다. 사람이 아름다운 빛깔을 좋아하는 행위는 색을 볼 때 이미 좋아하게 되는 것이지, 본 뒤에 좋아하는 것이 아니라 했고, 나쁜 냄새를 맡으면 자연적으로 고개를 돌리게 되는 것이지, 나쁜 냄새인 것을 알고 나서 고개를 돌리는 게 아니라며 지식과 행위를 구분하지 않았다.

이는 아는 것과 행동이 동시에 발생한다고 여긴 것이었다. 이러한 예처럼 왕양명은 효도를 알고 나서 효도를 하는 것이 아니라, 효도를 하고 있기 때문에 효도를 안다고 할 수 있는 것이라고 설파했다. 즉 성인들이 사람들에게 가르치려 했던 것이 행동을 통해 알게 되는 지행합일임을 주장한 것이었다.

05

마음속에 담긴
천리 깨닫기

마음과 이치를 합쳐서 하나로 한다면
곧 여러 가지 구구히 앞에서 말한 것들과
주자 만년의 이론 같은 것들은
모두 말하지 않아도 알 수 있게 될 것이오

-「답고동교서」, 『전습록』

앞서 언급한 것처럼 왕양명은 자신의 학문을 세우기 이전 주자학에 심취했고, 주자의 가르침에 따라 격물치지설에 의거하여 대나무 앞에서 7일 동안 그 이치를 탐구하다가, 병만 얻고 주자학에 대한 회의를 품게 됐다.

이후 심즉리, 지행합일 등 자신의 학문 체계를 세워가며 '치양지(致良知)'에 대하여 주장하게 됐다. 왕양명은 치양지에 대하여 학문의 가장 중요한 핵심이라 했으며, 이것이 성인이 사람을 가르친 제일의 뜻이라 했다. 이러한 치양지설은 맹자의 이론에 대한 왕양명의 해석으로부터 비롯한다.

『맹자』「진심상」에서는 사람이 배우지 않아도 능한 것은 '양능'이고, 생각지 않아도 아는 것은 '양지'라 설명한다. 왕양명은 이러한 맹자의 설을 계승하여, 양지를 태어나면서부터 아는 것으로, 이치는 마음에 이미 있기 때문에 외부에서 구할 필요가 없는 것으로 보았다.

이러한 양지(良知)는 마음에 있는 천리이기 때문에 이를 잘 보존하고 실현해 내면 성인이 될 수 있다고 왕양명은 인식했다. 따라서 성인과 보통 사람의 공통점과 차이점을, 양지를 가지고 있다는 점에서는 같다고 보았으나, 양지를 실현할 수 있는지의 여부에 따라 나누어진다고 생각했다.

또한 치(致)는 마음속에 있는 인욕이나 사욕을 배제하여 양지를 완전히 발현한다는 의미이다. 즉 이를 합쳐보면 치양지란 마음에 있는 천리를 보존하고, 양지를 실현하는 것이라 할 수 있겠다.

따라서 왕양명은 치양지를 설명하며, 자신의 마음을 양지에 이르게 한다면 모든 일과 물건에 대한 이치를 얻게 되니 이것을 '격물'이라 했다.

> 내가 말하는 이른바 '치지격물'이라는 것은 내 마음의 '양지'를 모든 일과 모든 물건에 이르도록 하는 것이오. 내 마음의 '양지'라는 것은 바로 이른바 천리라는 것이오. 내 마음의 '양지'인 '천리'를 모든 일과 모든 물건에 이르게 하면 곧 모든 일과 모든 물건에 대하여 모두 그 이치를 얻게 되는 것이오.
>
> 내 마음의 '양지'를 이르게 하는 것이 치지(致知)인 것이오. 모든 일과 모든 물건에 대하여 모두 그 이치를 얻은 것이 격물(格物)인 것이오. 마음과 이치를 합쳐서 하나로 한다면 곧 여러 가지 구구히 앞에서 말한 것들과 주자 만년의 이론 같은 것들은 모두 말하지 않아도

알 수 있게 될 것이오.

–「답고동교서」,『전습록』중

　　이와 같은 이론을 바탕으로 왕양명은 주자가『대학』에서 주장한 격물치지(格物致知)설에 대하여 새로운 해석을 내놓게 됐다. 이와 동시에 앞선 심즉리의 내용처럼 마음의 양지를 잘 실현한다면 누구든 성인이 될 가능성을 열어 놓았다.

06

이황,
양명학을 비판하다

선을 보고도
선인 줄 알지 못하는 자가 있으며,
선임을 알고도
마음으로 좋아하지 않는 자가 있으니

-이황, 「전습록논변」, 『퇴계집』

명나라에서 당시 유행하던 양명학이 조선에 유입되면서 일부 학자들은 이에 관심을 두기도 했다. 특히 학문에 개방적인 입장을 취했던 화담 서경덕(徐敬德)[1489~1546]의 제자들에 의해 적극적으로 수용됐다.

화담학파의 인물 가운데 동강 남언경(東岡 南彦經)[1528~1594]이 대표적인 인물이었으며, 남언경의 영향을 받은 경안령 이요(慶安令 李瑤) 등이 있었다. 1594년[선조 27년] 경안령 이요는 선조에게 청대하여 그 자리에서 양명학에 대하여 언급했다.

선조는 이에 관심을 가졌고, 이후 유성룡과 국정에 관한 이야기를 나누던 중 이요가 언급했던 양명학에 관하여 질문한다. 유성룡은 이요의 학문이 남언경을 존신(尊信)한다하며, "지금 사람으로 남언경에게서 배운 자도 또한 양명을 많이 숭상한다"라고 언급했다. 이를 통해 조선에 양명학이 전래된 초기에는 남언경으로부터 조금씩 전파된 것을 알 수 있다.

당시 16세기 조선에서는 성리학이 학문적으로 심화, 정착되어 갔고, 관료부터 지식인들까지 성리학에 몰두했다. 이 틈을 비집고 양명학이 유입되고 조금씩 전파되던 와중에, 남언경보다 선배 학자였던 이황은 왕양명의 『전습록』
에 대해 논변한 글을 썼다.

이황은 주자의 성리학을 정학(正學)이라 여기고, 여기에
서 벗어난 학문에 대하여 사학(邪學)으로 여겨 이를 경계하
는 모습을 보였다.

이황은 당시 화담학파 인물 중 한 명인 치재 홍인우(恥齋
洪仁祐)[1515~1554]에게 『전습록』을 주며 왕양명의 학설이
"기름과 같아서 가까이하면 곧 더럽혀진다"고 주의를 줄
정도로 양명학을 경계했다. 「전습록논변(傳習錄論辯)」은 이
황이 명나라로부터 조선에 유입된 왕양명의 『전습록』을
구하여 읽어보고 이에 대하여 논변한 글이다.

> 그런데 양명(陽明)은 이에 감히 방자하게 선유의 정론
> 을 배척하고 함부로 방불한 여러 학설을 인용하여 억
> 지로 끌어 붙이면서 조금도 기탄이 없으니, 그 학문의
> 오류와 마음의 병통을 볼 수 있다. … 그는 호색(好色)
> 을 보고 악취(惡臭)를 맡는 것을 지(知)에 소속시키고,
> 호색을 좋아하고 악취를 싫어하는 것을 행(行)에 소속
> 시켰다. 그러고는 "보고 맡을 때에 이미 좋아하고 싫

어하는 것이지, 본 뒤에 다시 마음을 세워 좋아하는 것이 아니며 맡은 뒤에 다시 마음을 세워 싫어하는 것이 아니다"라고 하면서 이것으로 지행합일의 증거를 삼았으니, 그럴듯하다. … 호색을 보기만 하면 곧 아름답다는 것을 알아서 마음에 진실로 좋아하고, 악취를 맡기만 하면 곧 나쁘다는 것을 알아서 마음에 진실로 싫어하니, 행(行)이 지(知)에 붙어 있다고 해도 될 것이다. 그러나 의리(義理)에서는 그렇지 않다. 배우지 않으면 알지 못하고 힘쓰지 않으면 능하지 못하여, 겉으로 행하는 것이 반드시 내면에 진실한 것은 아니다. 그러므로 선을 보고도 선인 줄 알지 못하는 자가 있으며, 선임을 알고도 마음으로 좋아하지 않는 자가 있으니, 선을 본 때에 이미 스스로 좋아한다고 말할 수 있겠는가. 불선을 보고도 싫어할 줄 알지 못하는 자도 있으며, 악임을 알고도 마음으로 싫어하지 않는 자가 있으니, 악을 안 때에 이미 스스로 싫어한다고 말할 수 있겠는가.

–이황,「전습록논변」,『퇴계집』

이황은 양명의 학문에 대해 앞선 유학자들의 정론을 배척하고 함부로 여러 학설을 인용하여 억지로 끌어 붙이면서 조금도 기탄이 없으니, 그 학문의 오류와 마음의 병통이 있음을 언급하고 있다.

또한, 지행합일의 근거로 제시한 호색과 악취에 대해서는 그럴듯한 것처럼 보이나 실제로는 그것이 잘못됨을 지적한다. 이는 앞서 치재 홍인우에게 보낸 편지에서도 양명이 뛰어난 변설로 그것을 주장하니 사람들을 쉽게 미혹시킨다고 언급하며 이에 대해 경계할 것을 당부하는 내용에서도 확인할 수 있다.

이황은 이러한 논변을 통하여 왕양명의 학설이 성리학과는 멀리 떨어져 있고 오히려 불교와 도교에 가깝다고 보았다. 이후 주자 성리학이 조선에 정착, 심화됨에 따라 이황의 주장이 여러 유학자들에 의해 계승되며 양명학은 배척됐다.

조선에서 양명학은 명나라와 달리 주요 학문으로 자리 잡지 못하고, 일부 학자에 의해서만 전해지다가 하곡 정제두(霞谷 鄭齊斗)[1649~1736]에 의하여 강화학파가 형성되며 하나의 학파로 자리 잡게 됐다. 소론 출신이 주를 이루었던

강화학파는 단순히 양명학을 수용하기보다는 이를 여러
학문과 함께 비판적으로 받아들였다. 또한, 이들은 문학,
예술을 비롯해 문헌학, 문자학에 이르기까지 학문 전반에
뛰어난 결과물들을 남겼다.

07

조금씩 양명학을
수용한 조선

전날 밤에 경호공(景浩公)〔이황〕이
왕양명의 전습록을 듣고 견해를 구한 즉
대개 기이함을 좋아하는 데 힘을 쓰고
오로지 일심으로 안을 삼고
천지만물로 바깥을 삼는다.
격치(格致)를 잘못이라 하고,
경약(徑約)을 옳다고 한다.
그러므로 나흠순(羅欽順)〔명나라 학자〕은
곤지기(困知記)를 저술하여, 그 잘못을 공격했다.

— 홍인우, 「일록초」, 『치재유고』

16세기 이후부터는 조선에서도 양명학을 향한 관심이 증대됐다. 양명학에 대한 관심은 특히 서경덕(徐敬德)[1489~1546]의 학풍을 계승한 화담학파의 학자들에게서 두드러졌다.

화담학파의 학자들이 주로 도가(道家) 사상을 절충한 것에서 보이듯, 마음의 수양에 필요한 것이라면 적극 수용하여 보합(補合)하려는 경향이 강했다. 이러한 성향은 양명학의 수용으로도 이어졌다.

양명학은 '심즉리(心卽理)'를 내세운 사상으로서, 정치(精緻)한 이론 탐구를 통해 인간의 본성을 탐구해 가기보다는 '자득(自得)'이나 직관을 통해 사물의 이치를 깨닫고자 했던 화담의 학문과 부합되는 면이 많았다고 여겨진다. 화담은 김인후에 의해 당시 '심학(心學)의 종주(宗主)'라는 평가를 받기도 했다.

박상(朴祥)[1474~1530]의 『눌재집(訥齋集)』과 김세필(金世弼)[1473~1553]의 『십청헌집(十淸軒集)』 등에 양명학에 관한 문자들이 나타나 있고,6 임진왜란을 전후한 시기에는 조선과 명나라 학자의 빈번한 교류로 인해 양명학이 학자들에게 상당 부분 전파됐던 것으로 보인다.

조선 중기 학자들의 문집에서 긍정이든 비판이든 양명학에 관한 내용이 산견되는 것을 볼 때, 명에서 성립된 양명학이 조선 사회에 일부 수용됐음을 알 수 있다.[7]

양명학은 명나라에서 한 시대를 풍미했으며, 사신들의 내왕에 의해 조선에도 전래됐다. 유성룡이 서장관으로 명나라에 갔을 때 조정의 학자들이 대부분이 왕양명과 진백사(陳白沙)를 존숭했다는 기록이나,[8] 선조가 양명학에 관심을 기울이자 유성룡이 극구 비판했던 기록은[9] 당시 양명학이 조정에서도 상당히 논란이 됐던 사정을 반영하고 있다.

이러한 시대적 조건을 감안한다면 학문 선택에 개방성을 보이고 당시의 학문을 쉽게 흡수할 수 있는 위치에 있었던 화담학파의 학자들은 양명학에 대해서도 일정한 관심을 가질 수 있었다고 여겨진다.

중국에서도 상하존비의 차별 없이 누구에게나 발휘될 수 있다는 치양지설(致良知說)의 양명학이 무인, 상인 등 광범한 계층에 전파됐고 신분보다 재능을 중시하는 교육관도 지지 폭을 넓혔음을 볼 때,[10] 조선 중기 가장 신분적 개방성을 보인 화담학파의 학자들에게서 양명학의 수용이 적극적으로 이루어졌을 가능성은 가장 컸다고 할 수 있다.

　　양명학 수용에 관한 체계적인 연구에서도 초기의 양명학 수용자들이 지역적으로는 경기지방을 중심으로 하고, 화담 서경덕, 남명 조식 학파의 학자들이나 불우한 처지의 종실(宗室)이나 서얼 출신들이 많았다는 지적이 있어서,[11] 조선 중기 양명학 수용은 화담 학파나 남명 학파에서 일부 이루어졌음을 확인할 수 있다.

　　화담의 제자 중 특히 양명학에 경도된 학자로는 남언경(南彦經)과 홍인우(洪仁祐)[1515~1554]를 들 수 있다. 두 사람이 양명학에 접촉했음은 1553년에 『전습록』을 읽었다는 것에서 우선 확인된다.[12]

　　홍인우가 양명학에 관심이 있었음을 보여주는 자료는 「일록초(日錄抄)」이다. 「일록초」에는 홍인우가 왕양명이 저술한 『전습록』을 읽고 비판한 내용과 남언경과의 서신을 통해 양명학에 대해 서로 의견을 주 받은 사실 등이 기록되어 있어서 홍인우를 비롯한 화담학파의 학자들이 양명학에 깊은 관심을 가지고 있었음을 알 수 있다.

　　홍인우는 부친인 홍덕연(洪德演)을 따라 개성으로 가서 처음 서경덕을 만났으며, 그후 화담의 문하에 출입했다. 화담과 홍인우의 관계는 화담이 직접 홍인우의 집을 방문하여 하도낙서 등을 가르쳐 줄 정도로 가까웠으며,[13] 홍인우는 허엽과 박순을 비롯한 화담 문하의 제자들과 교유했다. 이때 화담은 그를 지목하여 '근래에 진보한 사람은 홍인우 1명뿐'이라면서 그의 학문적 성취를 칭찬했다.[14]

화담학파의 중심지 개성은 중국의 학풍을 선진적으로 수용할 수 있는 위치에 있었고, 화담학파에게서 나타나는 다양한 학문에 대한 개방적 조류 등은 이들 학파의 양명학 수용이 상당했음을 추론하게 한다.

홍인우와 함께 화담의 제자로 양명학을 흡수한 인물로는 남언경이 있다. 홍인우는 남언경의 처남으로 서로 인척간이다. 남언경은 조선 중기에 대표적인 양명학자가 된 이요(李瑤)의 스승으로 지목될 만큼 양명학에 경도된 인물이었다. 이요는 국왕인 선조와의 독대에서 자신이 양명학에 깊이 경도됐음을 고백했는데, 이때 유성룡은 '이요의 학문이 남언경을 존숭하고 신뢰했다.'고 하여,[15] 이요의 학문의 연원에 남언경이 있음을 지적했다.

『선조실록』에는 남언경에 대하여 '화담의 문인으로 퇴계와 벗했는 바, 그의 학문은 양생(養生)을 주로 하여 언행이 독실하지 못하다.'고[16] 하며 남언경이 양생(養生)을 했음을 강조하고 있다.

이것은 결국 남언경이 도가 양생법이나 양명학 등 성리학 이외에도 다양한 사상 조류에 두루 관심을 보였음을 의미하며, 이러한 점은 남언경이 절충성과 개방성으로 대표되는 화담학파의 학문적 흐름을 계승한 인물이었음을 보여주고 있다.

위에서 홍인우와 남언경을 중심으로 화담 학파 내에서 양명학이 흡수되고 있었던 흐름을 살펴보았지만, 이들에게서 양명학에 대한 뚜렷한 이론은 발견되지 않았다. 다만 이들이 양명의 서적에 대한 토론을 하고, 마음의 수양을 위한 공부로서 양명학에 주목한 점이 발견됐다.

이것은 결국 이들에게 양명학은 정치한 이론이나 학문으로서가 아니라 마음의 수양을 위한 보조적인 사상 체계로서 수용됐음을 의미하며, 그만큼 당시까지 양명학의 이론에 대한 검토가 이루어지지 않았음을 보여준다.

그러나 한편으로 화담학파에게서 양명학이 적극 흡수됐다는 점은 시사하는 바가 크다. 이것은 그만큼 화담학파가 시대의 흐름에 민감했으며, 필요한 사상이라면 포용, 흡수할 수 있는 개방적 성향이었음을 보여주고 있기 때문이다.

화담학파는 비록 주류로 성장하지는 못했지만, 그들의 개방성은 조선 중기 양명학의 완전한 수용과 발전으로 이어졌다. 나아가 이는 조선 후기 개화가 발아할 수 있는 씨앗이 되었다.

08

개화의 씨앗, 양명학

과거 수백 년 동안의 조선 역사는
허위와 가식으로 전개된 자취로다. …
조선 수백 년간의 학문이라고는
오직 유학뿐이요.
유학이라고는 오로지 주자학만을 신봉했으되
이 신봉의 폐단은 대개 두 갈래로 나뉘었다.

— 정인보, 『양명학연론』

조선 말 개화기 때 지식인 박은식과 정인보는 양명학에 대하여 주목했다. 그들이 양명학에 주목하게 된 것은 조선 말 제국주의 세력의 침입에 따라 조선이 망국으로 흘러가고 있을 때 학문적으로 고착화되어 있던 것을 주자학에서 찾았기 때문이다.

이에 박은식은 조선이 주자학의 충성스러운 하인이 되어 무력과 억압으로서 당시 새로운 주장이 나오면 이들을 사문난적에 해당하는 규율로 그 사상을 속박했다고 인식했다.

천지의 진화는 끝이 없으므로 성인의 변화에 대한 대응도 또한 끝이 없다. 그래서 때에 따라 알맞게 응해야 천하의 일을 이룰 수 있는 것이다. 세상 유학자들을 돌아보면 여기에 이르지 못하고 하나의 도리만을 변화할 수 없는 격식이라고 고집한다. 특히 옛날에는 알맞았으나 지금은 알맞지 않아서 때에 따라 규정할 수 없다는 것을 알지 못하고 천지의 변화를 거슬러 백성에게 화를 입히는 것이 많다. 하나만을 고집하여 융통성이 없는 폐단을 어떻게 살펴야 하는가? 우리나라에 전

해오는 가장 유력한 학파는 송유(宋儒)[주자학]의 충성
스러운 하인이 되어 무력과 억압으로 혹 학계에 새로
운 주장을 하는 자가 있으면 그에게 사문난적(斯文亂
賊)에 해당하는 규율을 가하여 사람들의 사상을 속박
하고 추호의 자유도 열어주지 않았던 것이다.

– 박은식, 『왕양명실기』

또한 정인보는 조선 수백 년간의 학문이 유학이었는데,
오로지 주자학만을 신봉하여 폐단이 있었음을 지적했다.

과거 수백 년 동안의 조선 역사는 허위와 가식으로 전
개된 자취로다. … 조선 수백 년간의 학문이라고는 오
직 유학뿐이요. 유학이라고는 오로지 주자학만을 신
봉했으되 이 신봉의 폐단은 대개 두 갈래로 나뉘었다.
하나는 그 학설을 배워서 자신과 가족의 편의나 도모
하려는 사영파(私營派)요 다른 하나는 그 학설을 배워
서 중화의 문화로 이 나라를 덮어 버리는 존화파(尊華
派)이다. 그러므로 평생을 몰두하여 심성 문제를 강론
했지만, '실심(實心)'과는 얼러 볼 생각이 적었고 한평

생 뒤흔들 듯 도의를 표방하되 자신밖에는 그 무엇도
보지 않았다.

- 정인보,『양명학연론』

이들이 이렇게 주자학을 지적함으로써 주창하고 싶었
던 것은 바로 양명학이었다. 박은식은 이러한 입장 속에서
「유교구신론(儒教求新論)」을 저술하기도 했다. 여기에서 그
는 관념적인 이론 중심의 성리학이 아니라 양명학과 같이
실천을 강조하며 배우기 쉬운 유교로 개혁해야 할 것을 설
파했다.

20세기 지식인들의 비판 의식은 그 당시에만 있었던 것
이 아닌 17세기에도 존재했다. 17세기 대표적인 학자인
장유의 경우에도 당시 조선의 학풍이 획일적인 것을 비판
하며 학문의 다양성을 존중해야 한다고 주장했다.

중국의 학설은 갈래가 많아서 정학(正學)과 선학(禪學)
과 단학(丹學)이 있으며 정주(程朱)를 배우는 자가 있고
육씨(陸氏)를 배우는 자도 있어서 문로(門路)가 하나만
이 아니다. 그런데 우리나라는 유식 무식을 논할 것 없

이 책을 끼고 글을 읽는 자라면 모두 정주의 학문을 외울 뿐이고 다른 학문이 있다는 것을 듣지 못했다. 어찌 우리나라 선비의 풍습이 중국보다 나은 것이리오. 말하자면 그런 것이 아니다. 중국에는 학자가 있으나 우리나라에는 학자가 없다. 대개 중국 사람은 재주와 뜻이 녹록하지 않으므로 시대마다 뜻이 있는 선비가 실심(實心)으로 학문을 닦는다. 까닭에 각자 좋아하는 바를 따라서 학문하는 것이 동일하지 않았다. 그러나 가끔 충실한 공부가 있었다. 그런데 우리나라는 그렇지 않아서 생각하는 것이 옹졸하고 도무지 뜻과 기개가 없다. 다만 정주의 학문을 세상에서 귀중하게 여긴다는 것을 들어서 입으로 말하고 겉으로 높일 뿐이다. 소위 잡학(雜學)이란 것조차 없으니 어찌 정학엔들 얻는 것이 있으리요. 비유하면 토지를 개간하고 씨를 뿌림과 같이, 자라고 열매가 있은 다음이라야 오곡과 강아지풀을 분별할 수 있다. 텅 빈 맨땅에 무엇이 오곡이며 무엇이 강아지풀이 되겠는가?

– 장유, 『계곡만필』

이를 통해 보았을 때 조선의 학문은 당시 성리학 중심으로만 자리를 잡고 있었고, 이와 비교할 다양한 학문이 없기 때문에 학문의 정(正)과 사(邪)를 분별할 수 없으며 올바른 학문을 얻을 수 없다고 보았다.

박은식과 정인보는 장유의 주장처럼 당시 학문이 주자학 하나만을 존숭했기 때문에 학문적인 발전이 없어 올바른 학문이 없게 된 것이고, 이것이 이어져 20세기 조선말 망국에까지 이르게 된 것이라 본 것이다.

주

1〉 『태조실록』 5권, 태조 3년[1394년] 5월 30일 무진.

2〉 『동문선』 권103, 「삼봉 선생 불씨잡변 발문」

3〉 『南冥集』 권2 「答仲輔等書」

   植雖今生寄 恒負重尤 日俟明罰 朝夕剝床 常欲裸身逃走…

4〉 『龍蛇日記』 참조

5〉 『지천집(遲川集)』, 권 17, 「기후량서(寄後亮書)」

   王陽明書云 心本爲活物 久久守着 亦恐於心地上發病

6〉 吳鍾逸, 1978 「陽明傳習錄傳來考」 『철학연구』5

7〉 尹南漢, 1982 『朝鮮時代 陽明學研究』 集文堂 9-13쪽 참조

8〉 『西厓集』 年譜 28세

   先生問 近日中廟道學之崇爲誰 諸生相顧良久曰 王陽明陳白沙也

9〉 『西厓集』 年譜 47세

   先生赴召 上引見論學回問及王陽明致良知及心卽理之說 聖意不甚以爲非…先生
   入經筵 又極陳陽明心術之非學問之謬 盖聖學高明 不屑於章句 訓詁之學 天學往往
   有過高處 先生憂之 前後勸戒極其深坊

10〉 鄭玉子, 1990 「儒學과 經世論」 『한국사특강』 서울대출판부 357쪽11〉

11〉尹南漢, 앞 책 35쪽

12〉『恥齋遺稿』권2「日錄抄」

癸丑六月初十日 前宵 因景浩公 聞于陽明傳習錄 求見則其爲學 大槪務爲好異 專以一心爲內 天地萬物爲外 以格致爲非 徑約爲是 故羅欽順著困知記 以功其失

13〉『恥齋遺稿』권2「日錄抄」

八月初九日 花潭先生至余舍 遂學河圖洛書太極圖及正蒙二篇 吐盡平生所抱 相與長嘆

14〉『恥齋遺稿』권2「日錄抄」

八月初二日 往訪太輝 同宿討論 輝云 去六月念間 侍徐先生于花潭 先生云 年來多閱志學之人 然可與進步者 唯洪某而已 盍相與勉旃云 余曰先生此言 特褒獎之也 敢不自勉焉 朝有閔純郭屹兩年少來見 皆有志問學 亦皆學琴者 余相與彈數曲 向夕還家 閔嘗學于花潭八月初二日 往訪太輝 同宿討論 輝云 去六月念間 侍徐先生于花潭 先生云 近來 多閱志學 之人 然可與進步者 惟洪某而已

15〉『선조실록』권53 선조 27년 7월 癸巳

16〉『선조실록』권53 선조 27년 7월 癸巳

참고문헌

PART 1 조선을 만든 변혁의 시대정신_정도전

김용옥, 『삼봉 정도전의 건국철학』, 통나무, 2004

문철영, 『인간 정도전』, 새문사, 2014

삼봉연구원, 『정도전 연구 입문』, 주류성, 2025

정도전, 『정도전』, 이익주 편저, 창비, 2024

정도전, 『삼봉집』, 심경호 옮김, 한국고전번역원, 2013

조유식, 『정도전을 위한 변명』, 휴머니스트, 2014

한영우, 『왕조의 설계자 정도전』, 지식산업사, 1999

PART 2 개혁가의 꿈과 좌절_조광조

계승범, 『중종의 시대』, 역사비평사, 2014

권인호, 『조선중기 사림파의 사회정치 사상』, 한길사, 1995

김범, 『사화와 반정의 시대』, 역사의 아침, 2015

신병주, 『조광조 평전』, 한겨레출판, 2021

이병휴, 『조선전기 사림파와 현실인식과 대응』, 일조각, 1999

이상성, 『정암 조광조의 도학사상』, 심산, 2003

이종호, 『정암 조광조』, 일지사, 1999

정두희, 『조광조』, 아카넷, 2001

조성일, 『개혁하는 사람 조광조』, 시간여행, 2022

PART 3 실천하는 선비정신_조식

김영기,『남명 조식의 학문과 사상과 실천』, 우락재, 2019

남명학연구원,『남명 사상의 재조명』, 예문서원, 2006

남명학연구원,『남명학파 연구의 신지평』, 예문서원, 2008

박병련 외,『남명 조식』, 청계, 2001

손영식,『남명 조식의 철학사상 연구』, 서울대학교출판부, 2002

신병주,『이지함 평전』, 글항아리, 2008

신병주,『정인홍 평전』, 경인문화사, 2008

신병주,『남명학파와 화담학파 연구』, 일지사, 2000

정우락,『21세기와 남명 조식』, 역락, 2018

이수건,『영남 사림파의 형성』, 영남대학교출판부, 2007

허권수,『조선의 유학자 조식』, 뜻있는도서출판, 2022

PART 4 경장의 시대를 위하여_이이

박상하,『율곡 평전』, 주류성, 2023

신창호,『율곡 이이의 교육론』, 경인문화사, 2015

이이,『성학집요』, 김태완 옮김, 청어람미디어, 2007

이이,『율곡의 경연일기』, 오항녕 옮김, 너머북스, 2016

한영우,『율곡 이이 평전』, 민음사, 2013

한정주,『율곡 인문학』, 다산초당, 2017

황의동,『율곡 이이』, 살림, 2007

황의동,『율곡 이이(한국의 사상가 10인)』, 예문서원, 2002

PART 5 지행합일의 정신_왕양명

김세정,『왕양명의 전습록 읽기』, 2014

시마다 겐지,『주자학과 양명학』, 김석근 옮김, 까치, 1993

신향림,『조선 주자학 양명학을 만나다』, 심산, 2015

야스다 지로,『주자와 양명의 철학』, 이원석 옮김, 논형, 2012

유명종,『성리학과 양명학』, 연세대학교출판부, 1994

윤남한,『조선시대의 양명학 연구』, 집문당, 1982

최재목,『퇴계 심학과 왕양명』, 새문사, 2009

KI신서 16110

사상과 권력의 설계
조선을 만든 다섯 유학자의 사유

1판 1쇄 인쇄 2026년 2월 9일
1판 1쇄 발행 2026년 3월 5일

지은이 신병주
펴낸이 김영곤
펴낸곳 ㈜북이십일 21세기북스

출판1본부 본부장 장미희
인문기획팀 팀장 양으녕 **책임편집** 서진교 **마케팅** 김주현
교정교열 김태관
디자인 THISCOVER
마케팅영업부문 정지은 장철용 강경남 황성진 김도연
제작팀 이영민 권경민

출판등록 2000년 5월 6일 제406-2003-061호
주소 (10881)경기도 파주시 회동길 201(문발동)
대표전화 031-955-2100 **팩스** 031-955-2151 **이메일** book21@book21.co.kr

(주)북이십일 경계를 허무는 콘텐츠 리더

21세기북스 채널에서 도서 정보와 다양한 영상자료, 이벤트를 만나세요!

페이스북 facebook.com/jiinpill21　　포스트 post.naver.com/21c_editors
인스타그램 instagram.com/jiinpill21　　홈페이지 www.book21.com
유튜브 youtube.com/book21pub

ⓒ 신병주, 2026

ISBN 979-11-7357-810-6 (04100)
　　　978-89-509-4146-8 (04100) (세트)

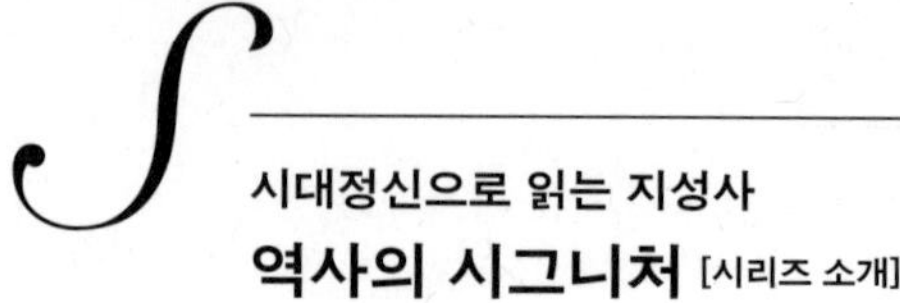

시대정신으로 읽는 지성사
역사의 시그니처 [시리즈 소개]

*** 출간 예정 목록 (가제)**

‖ 동양 편 ‖

기원전　　　지배와 탈지배의 길항 — 이승환 고려대 철학과

1-8세기　　사유의 충돌과 융합 — 최광식 고려대 한국사학과 (2023년 4월 출간)

15-16세기　사상과 권력의 설계 — 신병주 건국대 사학과 (2026년 3월 출간)

17세기　　　과거와의 결별 — 계승범 서강대 사학과

19세기　　　변혁의 물결 — 정지호 경희대 사학과 (2025년 6월 출간)

20세기　　　혁명과 배신의 시대 — 정태헌 고려대 한국사학과 (2022년 9월 출간)